Torsten Sträter
Es ist nie zu spät, unpünktlich zu sein

Der Autor

Torsten Sträter, Jahrgang 1966, ist vielfacher Kabarettpreisträger aus dem Ruhrgebiet, der ohne erkennbare Ermüdungserscheinungen die ganze Tragik menschgemachter Blödheit, davon nicht zuletzt die eigene, in schreiend komische Geschichten packt und im TV, auf den Bühnen der Republik und nun auch in seinem neuesten Buch präsentiert. Diesem Buch. *Es ist nie zu spät, unpünktlich zu sein.* Sprachlich jetzt noch guter.

Von Torsten Sträter ist außerdem in unserem Hause erschienen:
Der David ist dem Goliath sein Tod
Selbstbeherrschung umständehalber abzugeben
Als ich in meinem Alter war

http://www.torsten-straeter.de

TORSTEN STRÄTER

ES IST NIE ZU SPÄT, UNPÜNKTLICH ZU SEIN

Ullstein extra

Ullstein extra ist ein Verlag der Ullstein Buchverlage GmbH
www.ullstein-extra.de

© Ullstein Buchverlage GmbH, Berlin 2019
4. Auflage
Umschlaggestaltung: zero-media.net, München
Titelabbildung: © Guido Schröder
Lektorat: Oliver Domzalski
Satz: L42 AG, Berlin
Gesetzt aus der Quadraat Pro
Druck und Bindearbeiten: GGP Media GmbH, Pößneck
ISBN 978–3–86493–109–3

Inhalt

ACHTUNG! VORWORT! BITTE LESEN!

Hallo und guten Tag, liebe Leserin, lieber Leser ... und liebe andere Person, deren Geschlecht zwischen, vor oder hinter einem der soeben genannten liegt. Ich bin da noch etwas unbeholfen. Sehen Sie es mir bitte nach. Ich arbeite wie wir alle noch an einer eleganten, vernünftig klingenden Anrede. Jedenfalls: Willkommen zu meinem neuen Buch.

Wobei: Das Buch ist neu, der Einband frisch (riechen Sie mal dran![1]), der Inhalt allerdings ist ein BEST OF der letzten drei Jahre.

Es ist mir wichtig, dass Sie das wissen. TEXTE UND GESCHICHTEN DER LETZTEN DREI JAHRE! Alles klar? Das heißt aber nicht, dass irgendwas aus diesem Buch bereits irgendwo abgedruckt wurde. Allerhöchstens einmal in meinem Arbeitszimmer; ich knödele Texte gern einmal physisch auf den Schreibtisch, indem ich den Laserdrucker anwerfe und auf Print klicke. Laserdrucker sind super, wenn man nicht grade eine Instagram-Seite ausdrucken will. So entkam ich dem Würgegriff der Tintenstrahl-Mafia. Was wollte ich jetzt?

Genau! Lassen Sie es mich in aller Deutlichkeit sagen: Die allermeisten der Ihnen nun vorliegenden Texte habe

---

[1] Das haben Sie jetzt nicht wirklich gemacht!

ich schon in der einen oder anderen Form veröffentlicht: als Audio-File, als TV-Nummer, in einer meiner Live-Shows … aber niemals gedruckt. Nicht in Buchform.

Trotzdem! Warum Buch? Kennt man doch alles! Geht's hier um Kohle? Den geneigten Fan melken? Die schnelle Mark?

Kein Stück, belle ich Ihnen gellend zu. Echt nicht. Ich habe dieses Buch zusammengestellt, weil ich hoffe, Sie möchten meine Geschichten einfach mal in Ruhe nachlesen. In der Wanne. Im Zug. Bei der Fußpflege. Im Urlaub. Gern auch in der Wanne Ihres eigenen Zuges, den Sie sich aus den Erlösen Ihrer mobilen Fußpflegetätigkeit gekauft haben und mit dem Sie in diesem Moment in den Urlaub rasen. Es sei Ihnen gegönnt.

Jedenfalls können Sie als Freundin und Freund – oder in welcher Phase der geschlechtlichen Findung Sie sich grad mit Fug und Recht befinden – meiner Bemühungen im Humorbereich nun mein Material lesen. Sie benötigen dafür weder Audio-Player noch YouTube-Zugang, müssen in keine Mediathek; einfach aufklappen und los geht's.

Alles, was ich tue, was ich tun darf, seit meine kleine Karriere begann, beginnt mit dem Schreiben. Darunter auch eine Geschichte, die ich für das Buch DER KÖNIG DER TIERE von Jürgen von der Lippe schrieb, den ich sehr verehre. Sie heißt: ERHÖHTER GESPRÄCHSBEDARF, und wir schmuggelten sie heimlich in sein Buch. Das ist also der einzige schon mal gedruckt erschienene Text.

Ich finde es einfach schön, wenn eine Sammlung geglückten Materials in ein Buch mündet. Deswegen hoffe ich, Sie haben Lust, das alles noch einmal in der Stille Ihres Badezimmers, des Abteils, des Wartezimmers, Ihres Sessels nachzulesen. In Ihrem Tempo. Das würde mich glücklich machen.

Wenn Sie beim Lesen meine Stimme im Kopf haben, geht das übrigens völlig in Ordnung.

Bis bald,
Ihr Torsten Sträter

Teil 1: Geschichten

Escape Room

Sprechen wir über Dankbarkeit. Ich bin zum Beispiel dankbar für meine Putzfrau. Sie ist jetzt ohnehin weniger eine Putzfrau, sondern eher eine ZIVILISATIONS-RÜCKGEWINNUNGSEXPERTIN.

Ich bin auch dankbar für die Zeit, die ich mit meinem Meerschweinchen hatte. Wir konnten stundenlang herumtollen und spielen, aber dann ist es irgendwie entwischt. Und da draußen überlebt so ein sanftes Tier nicht lange.

Das macht schon traurig. Ich lenke mich dann ab.

Neulich war ich zum Beispiel in einem sogenannten Escape Room. Kennen Sie? Ist eine Art Spiel. Man zahlt pro Nase 30 Euro Eintritt, dann wird man in einen Raum eingeschlossen und muss unter irgendeinem reißerischen Motto spannende Rätsel lösen, damit man wieder rausdarf. Die heißen dann zum Beispiel GIFTGASANSCHLAG AUF BOCHUM oder so. Hilfestellung bei den Rätseln erhält man per Handfunkgerät vom Spielleiter.

Macht unheimlich Laune. Ich wünschte, alle hätten so viel Spaß wie ich. Und so frage ich mich in letzter Zeit vermehrt: Wie kann ich meinen Mitmenschen eine Freude machen? Und wäre es nicht toll, wenn sich Arbeit nicht wie Arbeit anfühlen würde? Und wer würde das mehr verdienen als eben meine Putzfrau, Frau Schröder?

Mittwoch, 14:00 Uhr

Es klingelt. Frau Schröder ist da. Sie ist schon etwas älter und ein bisschen kurz angebunden.

»Ich kann nur zwei Stunden heute«, sagt sie. »Dann holt mein Mann mich ab.«

»Gewiss«, sage ich. Frau Schröder betritt die Küche. Los geht's. Ich schließe die Tür hinter ihr und stelle einen Stuhl unter die Klinke. Dann nehme ich das Funkgerät und sage: »FRAU SCHRÖDER. ICH MÖCHTE EIN SPIEL SPIELEN. NEHMEN SIE BITTE DAS FUNKGERÄT.«

Ich höre es knarzen, und dann Frau Schröder: »Wie bitte?«

»DIES IST IHR ESCAPE ROOM. WILLKOMMEN IN: DIE SPÜLE DES VERDERBENS. FINDEN SIE HINWEISE, UM ZU ENTKOMMEN! SIE HABEN EINE STUNDE.«

»Was?«

Ich höre, wie sie versucht, die Klinke zu drücken.

»Sie öffnen sofort die Tür, oder ich rufe meinen Mann an!«

»NOCH 58 MINUTEN, FRAU SCHRÖDER. OVER.«

Ich setze mich auf die Couch. Aus der Küche höre ich es scheppern.

»KLEINER TIPP«, sage ich ins Funkgerät, »KÜHL-SCHRANK. OVER.«

Eine Minute verstreicht. Dann meldet sich Frau Schröder: »Im Kühlschrank liegt ein Lampenschirm.«

Ich drücke die Sprechtaste. »DAS IST EIN HALBES HÄHNCHEN, DAS WOLLTE ICH NOCH ZU ENDE ESSEN. MACHEN SIE WEITER. OVER.«

Was für ein spannendes Spiel, denke ich.

Es klingelt an der Tür. Wer ist das denn?

Ich öffne. Zwei Damen in Strick. Sie sagen: »Guten Tag, wir würden gern mit Ihnen über Gott sprechen.«

»Über Gott sprechen. Im Ernst?«

Sie nicken feierlich. Ich denke kurz nach; dann sage ich:

»Hereinspaziert« und führe Sie ins Bad. Ich gehe raus und blockiere die Tür. Dann stelle ich das Funkgerät auf Kanal zwei.

»HALLO«, sage ich. Es knarzt, dann sagt eine der Damen: »Was soll das?«

»HIER IST GOTT«, sage ich.

»Was?«

»IHR SOLLT DOCH NICHT MIT FREMDEN ÜBER MICH REDEN.«

»Wie bitte?«

»EGAL. WILLKOMMEN ZU: KOCHWÄSCHE DER APOKALYPSE! MOMENT.«

Ich stelle auf Kanal 1. »FRAU SCHRÖDER, WIE LÄUFT'S?«

»In der Kaffeemaschine ist Moos.«

»Das ist ein Experiment«, entgegne ich, »ich teste, wie lange Kaffeepulver braucht, um sich in grünen Tee zu verwandeln.«

»Es stinkt!«

»NEIN. ES FERMENTIERT. OVER.«

Es klingelt schon wieder. Allmählich wird's anstrengend.

»MOMENT«, sage ich.

Es ist Frau Schröders Mann.

»Sagen Sie es rundheraus«, bellt er, »halten Sie meine Frau in der Küche fest?«

»I wo.« Ich mache eine einladende Handbewegung. »Sie ist im Bad.«

Herr Schröder marschiert los. Ich nehme das Funkgerät, Kanal 2: »HIER IST NOCH MAL GOTT. ICH KOMM JETZT REIN.«

Zurück zu Kanal 1. »FRAU SCHRÖDER? HABEN SIE BEREITS WAS HERAUSGEFUNDEN?«

17

Es knarzt. »Ja. Hier wohnt eine absolute Sau!«

»WAHREN SIE FUNKDISZIPLIN!«

In diesem Moment tritt Herr Schröder von innen die Badezimmertür ein. Die Stimmung kippt.

»Ich habe einen Hinweis«, kreischt Frau Schröder durchs Funkgerät.

»ÄH ... SEHR GUT.«

»Es war nicht der Kaffee, der so riecht.«

»SONDERN?«

»In der Spülmaschine ist ein totes Meerschweinchen!«

Deswegen, denke ich, hat das so gequietscht. Ich dachte, das wären die Scharniere. Mist.

Herr Schröder stürzt in den Flur, die beiden Damen folgen ihm sichtlich zerrüttet. Er stampft zur Küche, befreit seine Gattin. Die beiden Jehova-Matronen zeigen auf Herrn Schröder und rufen: »Dieser Mann ist nicht Gott!«

»Stimmt«, erwidert Herr Schröder. »Ich bin Moses und hab grad die Tür geteilt. Und Sie, Herr Sträter, erwartet ein Prozess wegen Freiheitsberaubung.«

»Genau«, kreischen die Frauen, »wir sind Zeugen!«

»Das ist lustig«, sage ich. »Aber das war nur ein Spiel.«

Niemand sagt etwas.

»Apropos«, sage ich. »Ich bekomme dann pro Person 30 Euro.«

Hab ich natürlich nicht gekriegt. Ist okay. Ich wollte nur Freude bereiten. Wie ich schon sagte: Traurigkeit kriege ich in den Griff. Aber wenn mich etwas runterzieht, dann ist das Undankbarkeit.

Undankbarkeit und tote Meerschweinchen.

Karneval

Reden wir über Karneval. Das ist übrigens der einzige Begriff, den ich kenne. »Fasching« klingt wie ein Ortsteil von München, und »Fastnacht« ist für mich so gegen 21.45 Uhr.

Der Begriff »Karneval« leitet sich von »Karne«, dem spanischen Wort für Fleisch, und »Val« für Valium ab und bedeutet »Halb nackt und weggetreten«.

Ich habe jetzt nix gegen Karneval. Als Kind habe ich mich jedes Jahr verkleidet. Oft als eine Art BATMAN aus Frottee, aber auch als Roboter, indem ich mir eine mit Silberpapier verkleidete Waschmitteltonne auf den Schädel setzte. Ich musste mich übrigens damals immer trotz coolem Kostüm dick anziehen, damit ich mir auf dem Schulweg keinen weghole. Meine Mutter sagte damals stets: »DU KANNST ENTWEDER IM HAUS BLEIBEN ODER DU SETZT DIR 'NE MÜTZE AUF.« Ja, toll. War trotzdem 'ne schöne Zeit. Bis auf das eine Mal, als ich mit einem Kostüm aus Frischhaltefolie und vier Pfund abgelaufenem Hack als Beulenpest ging. Und Rosenmontag 2007. Das war so:

Uwe, Olli und ich hockten in der Kneipe. »Schade eigentlich«, sagte Olli irgendwann zwischen dem achten und dem neunten Bier, »dass wir keine Kinder mehr sind.«

»Och«, erwiderte ich. »Ich bin immer Kind geblieben. Nur die äußere Fassade schimmelt mir weg.«

»Das isses! Auf'n Kopp!«, bellte Uwe – was im Ruhrgebiet so viel heißt wie GANZ GENAU!

»Ich bin exakt wie früher«, sagte Uwe. »Beispiel: Wenn mich einer kritisiert, egal wer, dann antworte ich mit nur einem Wort: Selber! Und wenn der weiter kritisiert, erhöhe ich einfach die Lautstärke. SELBER! Bis der andere keinen Bock mehr hat.«

»Aha«, sagte Olli.

»Anderes Beispiel. Kennt ihr das auch? Ihr geht in den Supermarkt, seht plötzlich Süßigkeiten, die ihr unbedingt haben wollt, und werft euch deswegen schreiend auf den Boden, einfach aus Trotz und weil ihr sauer seid, und dann denkt ihr plötzlich: Kann ich eigentlich mit EC-Karte bezahlen?«

»Nein ...?«, erwiderte ich. »Also mit Kind geblieben meinte ich eigentlich so den Spaß am Spielerischen ...«

»Auf'n Kopp!«, unterbrach mich Uwe. Er öffnete sein Portemonnaie und klatschte eine Visitenkarte auf den Tisch. Da stand: HUHU, ICH BIN DER UWE. Darunter: ERSTER DETEKTIV, ZUSTÄNDIG FÜR ARCHIV UND RE-CHERCHE.

»Uwe, jetzt mal im Ernst«, setzte ich an ..., aber plötzlich trat jemand an unseren Tisch. Ein muskulöser Typ, Indianerkostüm aus dem Versandhaus, massiv tätowiert. »Könnt ihr mal 'n bisschen leiser sein? Ich hab keine Lust, mir eure Kinderkacke anzuhören!«

»Meinste, ich hab Angst vor dir?«, sagte Uwe.

»Also ich hätte welche«, warf ich ein.

Olli tat so, als wäre er nicht da. Es funktionierte fast gar nicht.

»Was willst du?«, knurrte der Indianer.

Uwe erhob sich. Dann krempelte er langsam seinen Ärmel hoch. »Bleib locker! Ich bin wie du.«

Auf Uwes Unterarm war ein Tattoo zu sehen. Ein lachender Traktor. Aufgerubbelt.

»Ich muss jetzt gehen«, sagte ich. »Zahlen!«

Der Indianer stutzte, dann brüllte er vor Lachen los. Die Situation entspannte sich. Puh. Das war knapp. »Uwe, so eins muss ich mir unbedingt auch machen lassen«, sagte ich feixend.

»Echt?«

»Ja, sicher.«

»Jetzt verstehe ich«, nickte der Indianer erstaunt. »Ihr seid Idioten.«

Da konnte man jetzt wenig gegen sagen.

»Entwarnung!«, sagte Uwe. »Ich hab euch alle nur verarscht. Alles gut ... Ich bin kein Kind. War 'n Schpass. Is' Karneval. Geld is' meine Welt. Ich bin ein Mann der Zahlen.«

Der Kellner kam.

»Wie viel?«, fragte ich.

»78,40 Euro.«

Uwe nickte, zückte einen 5-Euro-Schein und sagte: »Mach 12.«

Ich erinnere mich noch vage, dass wir dann mit dem Indianer um die Häuser zogen, wobei wir Uwe an sich buchstäblich um die Häuser zogen, während er brüllte, dass unmittelbar nach PIEP PIEP KLEINER SATELLIT von BLÜMCHEN keinerlei ernst zu nehmende Musik mehr erschienen sei, und dann: Filmriss.

Als ich am nächsten Morgen erwachte, war es früher Abend. Ich hatte rasende Kopfschmerzen. Ich rief Uwe an.

»Uwe. Was war das denn?«

»Lustiger Abend. Olli ist gegen halb sechs in ein Taxi gekrochen und hat dem Fahrer gesagt, er solle ihn unbedingt vor Sonnenaufgang heimbringen.«

»Warum?«

»Damit sich das Auto während der Fahrt nicht in einen Kürbis zurückverwandelt.«

»Okay.«

»Dann waren wir beim Indianer. Netter Typ. Ist an sich aus Dresden. Und stell dir vor: Der ist nicht nur tätowiert wie ein Tier, der tätowiert auch selbst. Nicht besonders gut, aber er übt viel ... Und da hat Marco gefragt, ob das wirklich dein Wunsch sei mit dem Tattoo ...«

»Mich nicht!«

»Na, du warst ziemlich relaxt ...«

»Bewusstlos«, sagte ich. »Ich war bewusstlos.«

»Jaja ... da habe ich halt gesagt ... äh ... Auf'n Kopp!«

»Moment«, sagte ich und legte das Telefon beiseite.

Ich ging zum Spiegel. Japp. Da war faktisch ein faustgroßer Traktor auf meinem Schädel. Er war nicht wirklich gut gemacht, und es blutete noch etwas, aber immerhin: Man erkannte, dass er lachte.

Ich nahm das Handy wieder auf.

»Uwe«, sagte ich, »warum?«

»Du hast doch gesagt, du fändest das super!«

»Das war ein Spaß, du Idiot!«

»Selber!« Aufgelegt.

Und da stand ich nun. Karneval 2007. Ich wollte doch irgendwann auf die Bühne. Komiker werden. Mit einem lachenden Traktor auf dem Schädel? Wohl kaum. Ich schluchzte. Dann fiel mir meine Mutter wieder ein. Ich stellte mich erneut vor den Spiegel und sagte zu mir: »DU KANNST ENTWEDER IM HAUS BLEIBEN, ODER DU SETZT DIR 'NE MÜTZE AUF.«

Hätten wir das auch mal geklärt.

Plastikmüll

Eines meiner Hobbys ist Kaffee trinken. Ich bin jemand, der Unmengen Kaffee säuft. Schon weil ich gar keinen Alkohol vertrage. Also null. Keine Toleranz. Zero. Ein Mon Chéri, und ich wache drei Tage später nackt und teilrasiert am Rhein-Herne-Kanal auf, 'ne Träne unters Auge tätowiert – Filmriss. Schlimm. Nicht mein Ding. Ich trinke Kaffee. Und damit produziere ich ordentlich Müll. Allein die ganzen Pappbecher. Die sind ja mit Plastik beschichtet. Und Plastik ist ein Problem. Es ist doch so: Die Erde könnte so schön sein, aber sie hat Sackratten: die Menschen. Die ersten Jahre der Menschheit liefen ja noch recht entspannt ab für Mutter Erde: Fellschlüpfer, Grunzlaute, einmal nicht aufgepasst, *zack!*, Säbelzahntiger-Snack.

1870 erfanden wir dann den Kunststoff. Und zwar für Billardkugeln. Die waren vorher aus Elfenbein. Und weil man nicht für jede verdellte schwarze Acht einen Elefanten keulen konnte, wurde nach alternativem Material gesucht. Das war Zelluloid. Ab da ging's los. Machen wir nun einen Sprung von »Oheim, mein Monokel kneift« zu sinnlosen Artikeln wie der Banancnaufbewahrungsbox. Superteil! Wie oft sage ich mir: Ich möchte übers Wochenende nach London fliegen und exakt eine Banane mitnehmen, aber nicht im Handgepäck. Sondern schön im Hardcase. Denn eine Banane mit Druckstellen ist ja das Widerlichste, was es gibt. ABER ZUM GLÜCK GIBT ES DAS HIER! Hoffentlich kommt bald eine ähnliche Lösung für einzelne Weintrauben. Mein Gott!

Fest steht: Plastik ist längst ein fester Bestandteil der Gesellschaft. Und schon deshalb nicht mehr wegzudenken, weil die Scheiße einfach nicht vernünftig verrotten will. Eine Plastikflasche braucht 450 Jahre dafür.

Also wird es nach Berechnungen um 2050 mehr Plastik in den Ozeanen geben als Fische. Das bedeutet, es werden Filme verschwinden wie Godzilla, weil die nächste Bedrohung eine 200 Meter hohe, mutierte Einwegwindel sein wird. Hoffentlich.

Gibt's auch 'ne gute Nachricht? Jau. Der Vorteil von einer Milliarde Tonnen Plastik in den Ozeanen liegt auf der Hand: Man wird Amerika endlich zu Fuß erreichen können. Expeditionen werden aufbrechen, ab und zu auf einer Plastiktüte ausrutschen, ein paar einlaminierte Rochen sehen und ansonsten nicht mal nass werden.

Hm. Was können wir tun? Zum Beispiel die Fische nicht noch zusätzlich stressen durch so Quatsch wie Kreuzfahrten. Wo ist da der Sinn, die Weltmeere zu durchkreuzen mit dem Energieverbrauch von ein paar Millionen Autos? Überall nur Wasser, an Bord aber isses wie in der Innenstadt von Frankfurt am Main, fehlt nur noch 'ne Handvoll Politessen und 'n Takko, dann kannste direkt zu Hause bleiben. Ich bitte Sie.

Aber was kann jeder Einzelne tun? Kleine Schritte machen. Dafür aber jeder von uns. Plastik schlicht vermeiden. Zum Beispiel: Plastik-Wäscheklammern weg, und einfach mal die nassen Brocken selber 'n Tag lang festhalten. Da kann man nichts weiter tun, als gepflegte acht Stunden seiner Unterbuxe beim Trocknen zuzusehen. Was noch? 'ne Hüpfburg aus Holz? Oder Ikea-Bälle-Bad: Bälle raus ... Kartoffeln rein.

Jedes fucking Jahr gelangen 8 Millionen Tonnen Plastikmüll in die Meere. Ich werde oft drauf angesprochen: »Müssen diese Pappbecher immer sein?« Nun – wenn ich in Eile bin, möchte ich an der Tankstelle ungern den kochenden Kaffee schreiend in die hohle Hand gegossen kriegen. Aber auch ich versuche meinen Beitrag zur Vermeidung von Plastikmüll zu leisten. Ich habe zwar keine globalen Konzepte zur Plastik-Reduzierung.

Aber ich für meinen Teil verzichte jetzt auf die Plastikdeckel auf dem Becher. Ich habe da lange drüber nachgedacht. Und das ist mein Beitrag. Schwierig, klar. Ich habe aber schon ein Konzept, das ist auch fast vermarktungsreif.

Habe ich das erste Mal bei STARBUCKS getestet. Die Firma hat ja auch komplett was am Sender. Was sind das für Preise? Ich bin es gewohnt, für 'n Kaffee eins fuffzig zu zahlen, also gehe ich eigentlich nicht zu Starbucks, aber an dem Tag in München brauchte ich dringend 'n Kaffee und ging rein. Ich blickte auf die Tafel mit den Kursen, und mein erster Gedanke war nicht: »Das ist aber teuer hier.« Mein erster Gedanke war: »In was für Gebinden schenken die denn hier aus? In Barrel? Wie soll ich das wegkriegen? Ich bin gar nicht mit dem Bollerwagen hier.«

Und ich hab auch gar nicht verstanden, was da stand: Die haben ja keine normalen Bechergrößen. Nix mit Klein, Mittel, Groß. Die Bechergrößen da heißen TALL, VENTI und GRANDE. TALL, VENTI und GRANDE – das sind vollkommen willkürlich ausgedachte Fantasienamen. Da könnten die genauso gut sagen: Wir haben drei Bechergrößen – LOLEK, BOLEK und PAPA FICK! Echt jetzt.

Ich hatte trotzdem Bock auf Kaffee. Und sagte zu dem Mädchen hinterm Tresen: »Einen Kaffee bitte.«

Sie antwortete: »Ja, dann brauche ich deinen Namen.«

»Entschuldigung«, erwiderte ich, »habe ich aus Versehen Bausparvertrag gesagt?« Ich meine: Wozu braucht die meinen Namen?

»Ja, ich brauch den eben«, sagte das Mädchen, »ich muss den auf den Becher schreiben.«

»Weil?«

»Ja, muss ich draufschreiben.«

Nix da. Ich will schon aus datenschutztechnischen Gründen nicht, dass sie meinen Namen weiß. Und ich praktiziere Datenschutz auch analog. Beispiel: Wenn ich im Hotel bin, gehe ich zuerst ins Bad. Wenn dann vorn ins Toilettenpapier so ein Pfeil reingefaltet ist, benutze ich das nicht, weil ich aus datenschutztechnischen Gründen nicht will, dass die im Hotel wissen, wann ich kacken war. Ich bring mein eigenes Papier mit. Dafür klau ich 'n Handtuch. Nein! Ich klaue natürlich nicht. Mir gefällt einfach der Gedanke, dass ich 'ne Woche im Hotel bin, und nach fünf Tagen rotten sich die Angestellten in einem Konferenzraum zusammen. Krisensitzung. »Der Sträter war fast 'ne Woche nicht scheißen, wir müssen einen Arzt rufen!« Und ich laufe jeden Morgen gebückt und knurrend durch den Frühstücksraum und verbreite Angst und Schrecken. Egal jetzt.

»Wozu«, sag ich zu dem Mädchen, »brauchst du meinen Namen?«

»ICH MUSS DEN AUF DEN BECHER SCHREIBEN!«

»Ja, aber mein Bäcker sagt doch auch nicht: ›Soll ich Karl-Heinz aufs Hörnchen malen? Ich hab grad 'n Stift.‹ Der gibt mir die Tüte mit den Scheißbrötchen und fertig!«

»Ich muss den Namen aber auf den Becher schreiben!«

»Alles klar«, sage ich. »Bereit? ZUUUUUUUUL, HERR-

SCHER DES SONNENSYSTEMS UND ANHÄNGIGER PLA-
NETEN! Ich darf buchstabieren: Zett, U, U, U, U, U, U, U,
U, U ,U, U, U, U, U, U ...«

Das hört sich jetzt albern an, aber es war schön zu sehen,
wie sie versuchte, sich mit immer kleiner werdenden Us den
Platz auf dem Becher einzuteilen.

Ist aber auch egal. Darum geht es gar nicht. Ich bekam
erwartungsgemäß nach 90 Sekunden meinen Becher, sagte
Danke, wollte ihn nehmen, und sie fügte hinzu: »Warte, ich
mach dir einen Deckel drauf.«

»Meine Liebe«, sagte ich, »das wirst du nicht tun.«

»Was? Warum nicht?«

»Acht Millionen Tonnen Plastikmüll. Im Meer. Jedes Jahr.
Dies soll mein Beitrag sein. Keine Plastikdeckel mehr auf
Kaffeebechern.«

Sie: »Ja ..., aber der Kaffee ist doch zum MITNEHMEN!«

»Ja«, erwiderte ich, »aber ich habe das Einsparungskon-
zept bereits fertig. Ich halte den Becher einfach ... mit der
Öffnung nach oben.«

Könnt ihr alle hier adaptieren. Kostenlos. Danke.

Intervallfasten

Sie haben es vielleicht mitgekriegt: Neulich war wieder offizieller Erdüberlastungstag. Am 2. Mai war das. Bedeutet: Ab Mai leben wir Deutschen ökologisch gesehen immer auf Kredit. Wir nutzen dann bis zum Rest des Jahres Ressourcen, die den kommenden Generationen fehlen werden. So sagt es die Umweltorganisation German Watch mit Verweis auf Global Footprint Network. Das Einzige, was noch schneller aufgebraucht war als die Ressourcen, waren offensichtlich deutsche Namen für Umweltvereine.

Jedenfalls haben wir bis Anfang Mai immer alles rausgeballert. Und ich trage da eine nicht unbeträchtliche Mitschuld. Hintergrund: Ich plante neulich, größere Mengen Körperfett an den Planeten zurückzugeben. Die habe ich nämlich zugenommen. Rapide. 22 Kilo. Eines Dienstags im März. Zwischen acht Uhr und acht Uhr dreißig. Das klingt lustig, aber ich hatte an dem Tag 'nen Termin und musste mir bei Takko Leggins kaufen. Ärgerlich.

Deswegen habe ich Intervall-Fasten probiert. Das klang nämlich sehr ressourcenschonend. Man soll 16 Stunden am Stück fasten, um dann im Anschluss acht Stunden lang kalorienreduziert zu essen. Klingt erst mal simpel.

Leider hat mir niemand mitgeteilt, dass man in diesen acht Stunden auch noch was anderes machen kann als essen. Und das einzige kalorienarme Lebensmittel, das ich vertrage, ist Porree. Der Haken dabei: Wenn dir keiner sagt, dass du die acht Stunden nicht durchgängig essen musst, und du dir deswegen knapp sechs Kilo gekochten Porree reinkloppst, dann sind nicht die Kalorien das Problem. Sondern die aus dem Verzehr resultierenden massiven Flatulenzen. Natürlich merkt man davon nicht unbedingt so viel. Also ich zumindest nicht. Denn um die Phase des Fastens überhaupt durchzuhalten, musste ich für diese 16 Stunden sehr starke Schlaftabletten nehmen, damit ich nicht zwischendurch den Kühlschrank leer fresse. Das mal vorneweg.

Und trotzdem kann beim Intervall-Fasten einiges schiefgehen. Auslöser kann da schon sein, dass man im Schlafzimmer nicht die Vorhänge zuzieht. Was ich nicht getan habe. Und als ich dann nach der 16-stündigen Fastenphase erwachte, war ich ein bisschen orientierungslos. Außerdem stand ein fremder Mann am Ende meines Bettes.

»Morgen«, sage ich.

»Buon giorno. Es ist 17 Uhr.«

Der Mann stellt sich als Pater Francesco Popolli vor.

»Super«, sage ich. »Und was wollen Sie?«

»Ich komme aus Rom. Der Vatikan schickt mich.«

»Das ist nett«, sage ich. »Weswegen denn?«

»Na ja«, erklärt er, er habe den Raum bereits geweiht, und auch direkt mehrere Vaterunser gesprochen, aber er habe dann doch lieber abwarten wollen, ob ich erwache, bevor er den Exorzismus durchführe.

»Noch mal«, sage ich. »Worum geht's?«

Es sei ja nun so, sagt der Pater, dass ich ja nun vollkommen bewusstlos ca. 14 Stunden lang wie ein Luftkissenfahrzeug einen halben Meter über der Matratze geschwebt sei, und die Nachbarn hätten das gefilmt, schlimme Bilder, und nun sei er hier, um mich zu reinigen.

»Ich bin selbstreinigend«, sage ich. »Das waren Blähungen.«

»Das will er Sie glauben machen!«, sagt der Pater.

»Wer jetzt genau?«

»Der Dämon.«

»Hier ist kein Dämon«, sage ich.

»Oh, doch! Ich weiß, was zu tun ist.«

»Ja«, sag ich, »Fenster auf Kippe wäre ein Anfang.«

»Der Dämon muss Ihren Körper verlassen, mein Sohn.«

»Der Dämon heißt Porree«, sage ich.

»Der Dämon lügt«, sagt der Pater. »Er will seinen wahren Namen nicht nennen. Denn nur, wenn ich ihn kenne, kann ich ihn austreiben. Und dann schreibe ich seinen Namen in das Bann-Traktat des Vatikans.«

»Sein Name ist Porree.«

»Der Dämon ist ein Täuscher! Sag deinen Namen, unreiner Geist!«

»Porree«, sage ich.

»Nicht Sie«, schreit der Pater.

»Hören Sie auf, ehrlich jetzt, ich muss mal ins Bad.«

»SAG DEINEN NAMEN, DÄMON!«

Der Pater schreit seinen Appell heraus – und ich erschrecke so, dass ich kurz die körperliche Kontrolle verliere und lang, massiv und trompetenhaft furze. Für einen Moment beherrscht Stille den Raum.

»Ist das dein wahrer Name?!«, schreit der Pater.

»Bestimmt«, sage ich. »Dann bin ich mal gespannt, wie man den schreibt.«

Nun, was ich mit dieser Geschichte sagen will, ist: Meine Klimabilanz ist SCHLECHT! Zum einen musste meinetwegen extra ein Priester mit dem Flieger aus Italien anreisen. Zum anderen habe ich schon vor dem 2. Mai im

Alleingang das nationale Budget für Methangasausstoß ausgeschöpft.

Und dafür möchte ich mich entschuldigen.

Das Fasten war sowieso unnötig. Mein Arzt hat vor Kurzem festgestellt, dass ich eine Schilddrüsenunterfunktion habe. Das heißt im Prinzip: Ich bin fett ohne Grund. Jedenfalls ohne einen Grund, der vorher in meinem Kühlschrank lag. Hätte ich mir alles sparen können.

Jetzt bekomme ich so Schilddrüsentabletten. Seitdem nehme ich ab. Langsam. Sehr langsam. Sehr, sehr langsam. Also ich werde es wohl selbst nicht mehr erleben. Da zähle ich jetzt auch ganz konkret auf nachfolgende Generationen.

Parkhaus

Habe Hausverbot bei der DEUTSCHEN BAHN. Ich werde nämlich gelegentlich gebeten, mit – mir im Prinzip – Fremden Selfies zu machen, was ich gern tue. Und ich weiß: Oft trauen sich die Leute nicht, mich zu fragen, und deswegen bin ich dazu übergegangen, selbst auf die Menschen zuzugehen. Und wenn ich das mache, gerade in der Bahn, fällt mir immer häufiger auf: Die wollen das oft gar nicht. Speziell die Lokführer nicht.

Also brauche ich einen Mietwagen.

9:30 Uhr

Fahre zum Flughafen und betrete die Mietstation. Hinter dem Tresen sitzt ein junger Mann. Ich frage, ob er ein Selfie möchte. Er verneint. Dafür vermietet er mir ein Auto mit Stern und empfiehlt mir noch eine Zusatzversicherung. Vollkasko. All inclusive: Glas, Reifen, die Befreiung von jedweder Selbstbeteiligung, Wildunfälle, Zeckenbefall, marodierende Beduinen und wenn die Körperfresser kommen. Kostspielig, aber es ist ja auch ein teures Auto.

»Und bitte denken Sie daran«, doziert der Mann, »den Wagen vor Abgabe wieder vollzutanken. Sonst wird es teuer.«

»Wie teuer?«

»Wir berechnen eine Pauschale von 198 Euro.«

»198 Euro? Das ist sehr viel Geld. Davon müssen manche Menschen einen ganzen Monat leben.«

»Tut mir leid. So. Der Wagen befindet sich auf Stellplatz

367, Ebene A 2, nordwestlich im Souterrain des südlichen Parkhauses P 4.«

10:00 Uhr
Ich bedanke mich.

11:00 Uhr
Ist an sich nicht ganz so leicht zu finden, der Stellplatz. Wie groß ist diese Anlage, verdammt? Na, komm: Rufe die Hotline des Vermieters an.

Ich soll, wenn es um ein bereits geliehenes Fahrzeug geht, die 1 drücken, bei einem abgegebenen die 2, bei einem Unfall die 3, bei einem Auffahrunfall zweimal die 3, bei 'ner Panne die 3 und zwei im Sinn und bei allen anderen Anfragen mit dem Mund hupen und wieder auflegen. Ich drücke die 1, und eine digitale Frauenstimme sagt: »Um zu berechnen, ob Sie noch erleben, dass wir diesen Anruf annehmen, geben Sie bitte über die Tastatur Ihr Alter ein.« Ich lege auf.

12:40 Uhr
Allein hier unten. Finde nix. Mann! Ich muss heute Abend auftreten. Mit einem schnellen Auto hole ich die Zeit wieder raus.

14:10 Uhr
Füße tun weh. Gehirn auch. Wo ist dieser Kack-Stellplatz?

19:50 Uhr
Habe den Auftritt in Brackwede verpasst. Schreie testweise um Hilfe. Reiß dich zusammen, ermahne ich mich.

21:00 Uhr

Keine Menschen seit fünf Stunden. Der Hunger zermürbt mich. Ich bin nicht stolz darauf, aber ich trete mit Absicht auf eine humpelnde Amsel und esse sie. Mein Handyakku ist leer.

22:57 Uhr

Schätze, ich bin nun im südöstlichen Halbsouterrain des westwestlichen Winkels von Ebene C. Habe mir 'nen Kompass aus meiner Gürtelschnalle gebaut. Funktioniert aber nicht. Dafür rutscht jetzt meine Hose. Da hinten flackert Licht!

23:25 Uhr

Es war nur das Bernsteinzimmer.

01:40 Uhr

Entdecke ein Schild! Text: »Noch zwei Tagesritte bis Achtelsouterrain Ebene 4, Holodeck römisch 2, Kapitel 19.« Ich weine ein bisschen.

02:12 Uhr

Unfassbar. In den Schatten des Gewölbes sitzt ein uralter Mann. Ich habe noch nie ein so faltiges Gesicht gesehen. Er isst Insekten und wirkt ziemlich fertig.

»Ein Mensch«, murmelt er.

»Jou.« Strecke ihm meine Hand hin. »Torsten Sträter.«

Er nickt und sagt: »Erich Honecker.«

»Boah«, sage ich. »Ich dachte, Sie seien tot.«

»Unsinn. Ich wollte nur meinen Leihwagen abgeben und dann nach Chile fliegen.«

»Möchten Sie ein Selfie?«, frage ich.

»Ist das was zu essen?«

»Es ist das genaue Gegenteil.«

»Haben Sie irgendwo meinen Freund gesehen?«

»Was für 'n Freund?«

»Eine Amsel.«

»Nee«, sage ich.

»Schade. Was suchen Sie eigentlich?«

»Stellplatz 367, Ebene A 2, nordwestlich im Souterrain des südlichen Parkhauses P 4.«

»Das«, sagt Honecker, »ist etwa eine Stunde Marsch in diese Richtung. Immer geradeaus. Das ist Fledermausland.«

»Besten Dank. Kann ich was ausrichten, wenn ich rausfinde?«

»Sagen Sie allen da oben«, murmelt Honecker, »dass ich zurückkehre, und dann herrscht an der Grenze wieder der Schießbefehl.«

»Och, Ihre Leute arbeiten dran«, sage ich. Dann baue ich mir eine Fackel.

04:32 Uhr

Ich glaube, ich habe den Stellplatz gefunden. Leuchte mit der Fackel, die ich mir aus meinem T-Shirt und Feuerzeugbenzin gebaut habe. Dunkel hier ... da ist der Wagen. Und der hat sogar ... ist das 'n Cabrio? Jou. Mit Stoffverdeck. Hammer. Ups. Zu dicht mit der Fackel dran. Verdeck hat Feuer gefangen. Immerhin ausreichend Licht gerade. Was steht denn da? Die Bundeslade. Krass. Jetzt aber weg hier. Ach, scheiße! Hab den Autoschlüssel auf dem Tresen liegen lassen.

35

04:35 Uhr

Ich sach mal so: Der Benz brennt. Rückzug. Im Feuerschein
sehe ich den Notausgang.

05:05 Uhr

Wieder im Flughafengebäude. Der Autoverleih macht erst in
vier Stunden auf. Also warte ich. Habe 50 Euro, das reicht
hier für drei Kaffee. Der Wagen dürfte mittlerweile explodiert sein. Gott sei Dank hab ich Vollkasko.

09:00 Uhr

»Morgen«, sage ich zum Mietwagenmann. Ich stehe da mit
nacktem Oberkörper, Federn im Mundwinkel, und stinke
nach Rauch. »Ich glaub, ich hab den Autoschlüssel liegen
lassen.«

Der Mann sagt: »Könnte ich 'n Selfie haben?«

»Nee«, sage ich. »Ich hab doch Vollkasko, oder?«

»Na klar. Seien Sie unbesorgt. Sie haben den Wagen doch
gar nicht gefahren.«

»Stimmt. Aber ich glaub, der Tank ist trotzdem leer«, sage
ich.

»Das kostet dann leider 198 Euro.«

Und das ist, wie gesagt, viel Geld. Da müssen manche
Menschen einen ganzen Monat mit auskommen. Aber in
diesem Moment kam's mir gar nicht so teuer vor.

Kong

Ich sitze im Flieger nach Mallorca. Erfreulich: Obwohl der Flug nur knapp zwei Stunden dauert, gibt's ein Bordprogramm.

Ich beginne gut gelaunt, den neuen KING-KONG-Film anzusehen. Ich schaue zwei Minuten, dann gefriert das Bild, es macht PING, und durch die Kopfhörer knallt: »HIER SPRICHT DIE KABINENCREW! BITTE SUCHEN SIE NUN NICHT MEHR DIE WASCHRÄUME AUF.«

Würde ich nie tun. Ich glaube allerdings, es gibt da draußen Menschen, die sich sagen: »Mensch, ich war seit Tagen nicht kacken, aber das hebe ich mir für den Flieger auf.«

Egal.

Film geht weiter.

Grundlegend verstehe ich den Sinn von Durchsagen in Flugzeugen. Aber in den folgenden zwei Stunden wird 35-mal der Film gestoppt, und es ist jedes Mal die Kabinencrew. Beim zehnten Mal denke ich, jetzt ist es jemand anderes. PING! HIER IST DIE OMMA. ICH HAB LECKER PFLAU-MENKUCHEN. Aber nein. KABINENCREW.

Als wir landen, habe ich knapp die Hälfte des Films gesehen. Ich wende mich an eine Flugbegleiterin.

»Verzeihen Sie ...« Ich blicke auf das Namensschild der Dame. – D. Lehmkühler – »Frau Lehmkühler. Ich hab eine Frage.«

Sie ist ein bisschen kurz angebunden. »Was?«

»Überlebt King Kong?«

»Bitte?«

»Überlebt King Kong? In dem Film. Ich hab ja das Ende nicht gesehen. Und jetzt frage ich mich, ob die den abknallen oder wegpropellern, oder was?«

»Ihre Probleme möchte ich haben.«

Ich steige nachdenklich aus. Na ja. Jetzt ist erst mal Urlaub.

Habe ungelogen ein Elektroauto gemietet. Cooles Ding. Klein, die hinteren Türen gehen grundlos in die falsche Richtung auf, und der Wagen soll bis zu 180 Kilometer mit einer Akkuladung schaffen. Ich lerne bald: Das stimmt auch. Außer man schaltet ihn ein. Denn mit Klimaanlage auf vier schafft er noch 120 km, wenn man schnell fährt, 90 km, und wenn man Musik, Klima, Licht und Motor gleichzeitig laufen lässt, schuldet man dem Auto zehn Kilometer.

Auf der Fahrt zum Hotel empfiehlt mir der Bordcomputer, zur Aufladestation zu fahren, sonst wird das nix. Die Navigation leitet mich hin. Die bunt leuchtende Ladestation, die ich mit 27 km Umweg angesteuert habe, steht auf dem Gelände einer völlig verwarzten Tanke im Niemandsland. Ich beginne zu laden. Das Hotel ruft an: Wo ich bliebe, bald gebe es kein Abendessen mehr. Ich antworte, ich müsse noch zwei Stunden an der Tankstelle bleiben, sonst sei das Auto nicht voll. Woraufhin man mir empfiehlt, den Hebel am Zapfhahn fester zu drücken, dann käme auch mehr raus. Lustig. Ich lege auf.

Ich breche nach zwanzig Minuten ab, weil die Sonne untergeht und entstellte Hyänen den Wagen umkreisen. Der Bordcomputer erklärt mir, ich könne nun 50 Kilometer mehr fahren als vorher, also etwas weniger als die Strecke, die ich für den Umweg zur Tanke verballert habe.

Im Prinzip fahre ich nun täglich zum Laden. Ich verbringe meinen Urlaub auf der Tankstelle. Die Menschen dort sind ölverschmiert, aber herzensgut. Es gibt beschissenen Kaffee und Snacks, auf denen der Preis in Peseten steht. Aber man freut sich stets, mich zu sehen. Keine Spur von der Kälte der Deutschen. Ich kann mich, wann immer ich möchte, am Wischwassereimer frisch machen, wenn ich die Gummiflitsche beiseiteschiebe. Bald gehöre ich zur Familie, und irgendwann fasse ich mir ein Herz und frage in gebrochenem Spanisch: »¿King Kong sobrevivió, señor?«

Der Tankwart zuckt mit den Schultern, und Estéban, sein kleiner Sohn, sagt, er habe den Film nicht sehen dürfen und wisse es auch nicht. Dann schenkt er mir zum Trost eine Affenmaske aus Gummi. Sie riecht nach Spucke. Trotzdem schöne Geste.

Mir wird klar: So schlecht ist das E-Auto gar nicht. Es hat mich nämlich mit tollen Menschen bekannt gemacht. Und wenn es fährt, ist es völlig lautlos. Wenn es steht, auch. Und es steht oft. Außerdem kann es krasse Sachen. Beispiel: Wenn es regnet, wird da, wo das Auto parkt, die Straße nicht nass. 180 Kilometer Distanz schafft der Wagen nur im freien Fall. Aber was soll's.

Der Mensch, denke ich, wird immer wichtiger sein als die Technik. Und mit dieser Erkenntnis fällt mir auf, dass ich noch etwas zu erledigen habe.

Einen Monat später. Dienstag, 2:31 Uhr.

Ich stehe schwitzend auf einem fremden Balkon und sehe gerade genug, um zu erkennen: Hier bin ich richtig. Vier Wochen habe ich recherchiert. Und Fakt ist: Das da im Halbdunkel ist Frau Lehmkühler, die Flugbegleiterin. Sie ist nackt, und der Mann auf ihr müht sich redlich. Ich warte einige Minuten, bis die Sache Fahrt aufgenommen hat. Ja, das ist echte Ekstase ... 3 ... 2 ... 1 ...

Ich klopfe dröhnend an die Scheibe und brülle durch die Gorillamaske: »PING. DURCHSAGE! HIER IST KING KONG! BITTE NEHMEN SIE JETZT EINE AUFRECHTE POSITION EIN!« Frau Lehmkühler kreischt. Seltsam. Sie wollte doch so gern meine Probleme haben. Der Mann hastet mit verzerrtem Gesicht aus dem Zimmer, ich grätsche vom Balkon und laufe zur Straße. Ich sehe den nackten Herrn, der wütend in einen Wagen springt. Es ist ein Elektroauto. Ich trabe los und muss ein bisschen lachen, als mir klar wird: KING KONG überlebt.

All inclusive

Ich war über Ostern mal kurz im Urlaub in Spanien. Ich hatte ALL INCLUSIVE buchen müssen. ALL INCLUSIVE bedeutet, du wohnst eine Zeit lang in einem mediterranen Mastbetrieb mit Poolhaltung. Aber was anderes gab's nicht. Ich habe errechnet, dass ich, um nicht Minus zu machen, täglich für 340 Euro Lebensmittel zu mir nehmen muss. Schaff ich.

1. Tag – 15:00 Uhr

Checke im Hotel ein. Der Rezeptionist erteilt mir eine Einweisung und befestigt dann ein goldfarbenes Bändchen an meinem Handgelenk: das legendäre ALL-INCLUSIVE-Band. Zusätzlich teilt er mir mit, dass ich dieses Band auf keinen Fall verlieren dürfe.

15:07 Uhr

Das Hotel hat etwa so viele Zimmer wie Gütersloh. Es sind lange Wege. Auf dem Hinweg treffe ich einen kleinen Jungen mit Pokémon-T-Shirt. Ich latsche ewig durch den Komplex. Finde mein Zimmer. Ziehe mir meine Badehose an und mache mich auf den Rückweg. Als ich die Lobby gefunden habe, treffe ich erneut den Jungen. Er trägt noch immer das Pokémon-T-Shirt, hat aber nun 'ne feste Freundin und einen Bartflaum. Muss das nächste Mal ein kleineres Hotel buchen.

Früher Abend

Möchte vorm Abendessen ein wenig am Strand spazieren gehen. Ich fühle mich eins mit der Natur. Endlich die Seele baumeln lassen. Ich gehe knöcheltief ins Meer und spüre tiefen Frieden. Der Mensch ist die Krone der Schöpfung! Ich gehe bis zur Wade ins Wasser. Die Gischt umtost mich. »Ja!«, rufe ich. »Mensch, du schaumgeborene Kreatur, Majestät des Planeten!«

Dann erfasst mich eine etwa drei Meter hohe Welle. Sie hat ungefähr 4000 PS und rotzt mich mit Achterbahngeschwindigkeit auf den Strand zurück, wo ich vor einer Strandbar zum Stillstand komme. Unterwegs enthaart mir die Welle die Beine, flext mir die Brustwarzen weg und spült mir mit 12 Bar die Nebenhöhlen durch. Der Mensch ist nur eine Fußnote im unbarmherzigen Streben der Natur, wird mir klar. Als Nächstes merke ich: Das ALL-INCLUSIVE-Band ist weg. Mein Zimmerschlüssel auch. Und mein Portemonnaie. Und meine Badehose.

Humple zurück zum Hotel. Als ich die Lobby betrete, um einen Ersatzzimmerschlüssel zu holen, erstarren die Menschen. Ein Kind beginnt zu weinen. Verständlich: Da baumelt was, und es ist nicht die Seele. Inzwischen hat das Rezeptionspersonal gewechselt.

»Hola«, sage ich zur Dame hinterm Tresen. »Sie werden es nicht glauben … «, beginne ich und schildere die Umstände. Und es stimmt: Sie glaubt mir nicht.

»Das ist kein Trick«, rufe ich durch das Weinen des Kindes. »Bitte öffnen Sie mir mein Zimmer!«

Man erklärt mir, dass man meinen Ausweis nicht kopiert habe und ich warten müsse, bis der mir bekannte Rezeptionist zur Arbeit komme. Das sei dann in vier Tagen. Da könne ja sonst jeder kommen. Und überhaupt sei dies kein FKK-Hotel. Ich bekomme einen Tobsuchtsanfall und werde des Hotels verwiesen.

Mitternacht

Ich habe mich zurückgeschlichen und durchstreife nun das riesige Hotel. Mir knurrt der Magen. So fühlt es sich also an, ohne persönliche Habe in der Fremde zu stranden. Finde einen Verschlag mit Putzmitteln und rolle mich dort zusammen. Entdecke eine Flasche mit der Aufschrift: 100 % biologischer Orangenreiniger. Was es nicht alles gibt.

2. Tag – Früher Morgen

Werde vom Kreischen des Zimmermädchens geweckt. Ich sage beschwichtigend: »PSSSCHT.« Dabei kommen Seifenblasen aus meinem Mund. Es riecht nach Orange.

Vormittag

Liege nackt am Strand. Habe Hunger. Muss irgendwie an Geld kommen. An der Promenade stehen so Aktionskünstler, die wie Statuen posieren und für Fotos Geld nehmen.

Gehe zu einem dieser Typen, der als Pirat verkleidet regungslos dasteht. Zu seinen Füßen liegt ein Schild: JACK SPARROW. Leihe mir seinen Filzstift, suche mir ein Stück Pappe. Dann reibe ich mich mit Sand ein und stelle mich daneben. Auf meinem Schild steht: PILLEMANN JONES.

Nachmittag

Habe acht Euro verdient, vor allem mit Japanern. Möchte mir etwas zu essen kaufen, komme aber nackt nicht in den Supermarkt. Spreche vor der Tür einen jungen Briten an und sage: »Ich hab hier acht Euro, kannst du mir einen Gefallen tun?« Weiter komme ich nicht. Handgemenge.

Kehre nachts ins Hotel zurück und suche die Gänge nach Essbarem ab. Ich stelle fest, dass ich zur düsteren Legende geworden bin. Als ich an einer Tür lausche, höre ich eine Mutter zu ihrem Kind sagen: »Wenn du jetzt nicht schläfst, kommt der hungrige Penismann!«

Ich brülle durch die Tür: »JA, GENAU!«

Ab da läuft es besser. Die Menschen legen nachts Obst vor die Tür, um mich zu besänftigen. Die Kinder fertigen Zeichnungen von dreibeinigen Strichmännchen. Ich bin das Phantom der Oper. Nur ohne Hose. Ich kenne hier jeden Winkel. Tagsüber liege ich am Strand oder performe als Pillemann Jones. Nachts spuke ich durchs Hotel. Verwischte Videoclips kursieren, wie ich des Nachts durch die Flure schwabble. Ich bin Schutzpatron und Bullemann, und erste Verse kommen auf:

Was ist feist und eumelt durch die Gänge?
Der Hunger-Geist mit dem Gehänge.

4. Tag

Der Rezeptionist ist wieder da. Ist aber ohnehin Abreisetag. Ich erhalte meinen Zimmerschlüssel und reise ab. Mit einem Koffer voller sauberer Wäsche, nahtlos braun und vier Kilo leichter.

Unterm Strich guter Urlaub. Man darf halt nicht immer mit so großen Erwartungen rangehen. Und auch wenn Sie jetzt sagen: »Was war das denn für eine unglaubwürdige Kacke?!« – in Spanien kennt diese Legende jedes Kind.

Gib mir fünf

Guten Abend. Schön, Sie zu sehen. Nennen Sie mich spießig, aber ich mag angemessene Begrüßungen. Deshalb vermeide ich Formulierungen wie »Alles fit im Schritt, alter Wämser?« und auch so was wie »GIB MIR FÜNF!«. Wer, außer 14-jährigen Masturbanten, sagt so was? Gib mir fünf.

Will sagen: Meistens handle ich angemessen.

Und dann wieder nicht. Oder anders:

War neulich am Bahnhof Dortmund. Und wie ich da so latschte, hielt mich ein Mann an. Er war mittleren Alters, ungezwungen bärtig und verkaufe Obdachlosen-Magazine, sagte er. Also er sagte nicht: »Kuck mal, ich bin ungezwungen bärtig«, sondern lediglich, dass er Obdachlosen-Magazine verkaufe, und ob ich eins wolle.

»Im Moment nicht. Aber ich spende was.«

Das sei auch nett, sagte der Mann, aber ihm wäre es lieber, ich würde was kaufen. Das sei ja der Grundgedanke hinter dem Magazin, dass man das kauft. Das habe auch ein bisschen was mit Wertschätzung zu tun. Davon könne er was brauchen, nach all den Jahren auf der Straße, was auch ein langer Weg gewesen sei, Schlosser gelernt, dann lange bei einem Schlüsseldienst gearbeitet, und das habe er echt drauf, aber: der Alkohol. Das sei die Kurzfassung, so was gehe schneller, als man denkt, und nun sei er hier und verkaufe diese Magazine. Eine Chance. Und eine Frage der Würde.

Ich zog 'n Zehner aus der Tasche. »Ich spende. Hier.«

»Keine Zeitung?«

»Nee, aber bestimmt nächstes Mal. Ich bin ja dauernd am

Bahnhof und wohne eh hier vorne. Das geht ja auch schneller, als man denkt.« Ich wandte mich zum Gehen, blieb dann aber stehen und sagte feierlich: »Bleiben Sie dran, Mann! Immer am Ball bleiben.«

Und dann ging ich.

Aber als ich abends im Bett lag, überkam mich der übliche, unsortierte Schwall an Gedanken. Warum zum Beispiel sage ich einem obdachlosen Magazin-Verkäufer, er solle am Ball bleiben? Wofür halte ich mich? Ich hatte den nicht mal vernünftig begrüßt. Bin ich jetzt völlig abgehoben? Ich bin ja auch nur 'n Schneider, der Glück hatte. Und ich weiß, jaja, ich sehe nicht wie ein Schneider aus. Aber wie erkennen Sie denn 'n Metzger auf der Straße, reibt der sich mit Mett ein?

Apropos, denke ich etwas flatterhaft, wie ich da so liege: Warum lernt eigentlich keiner mehr 'n Handwerk? Ich höre nur irgendwas von Master und Bachelor in INFORMATIK, MATHEMATIK, BWL. Ich meine, nix gegen die Studierten, aber wenn die Zombie-Apokalypse kommt, also wenn die Untoten den Planeten überschwemmen und uns fressen wollen, dann hätte ich in meinem Team gern die Handwerker. 'Nen Schreiner zum Beispiel, der die Türen vernagelt. Und wenn die Zombies dann trotzdem durchbrechen, schicken wir den Informatiker zur Tür, und der ruft dann: »Ich rechne Ihnen das mal hoch!«

So was denke ich direkt vorm Einpennen. Ist ja jetzt auch weiß Gott nicht so, dass ich ausschließlich irgendwelche Luxusprobleme hätte – aber: Welches Arschloch hat sich denn bitte GESALZENES KARAMELL ausgedacht? Was kommt noch? Currywurst mit Puderzucker? Kann man sich auf gar nichts mehr verlassen? Ich verstehe so viele Dinge nicht, denke ich, wie ich so daliege! Ich war zum Beispiel, und das hat jetzt wirklich gar nichts mehr mit dem Thema zu tun, auf der Kirmes und musste aufs Klo. Ich gehe zum Toilettenwagen, will gerade rein, als ich hinter mir eine schnarrende Damenstimme vernehme: »Aber Zahlen vorher!« – »Ist gut«, sage ich, »was macht es?« Und die Dame sagt: »Pinkeln fuffzig Zent, Kacken ein Euro.« Das wirft doch Fragen auf. Ich meine: Wenn ich jetzt 50 Cent fürs Pinkeln bezahle, dann aber … ich mein, man setzt sich hin, rechter Winkel, atmet tief in seine Mitte, und dann: PLATSCH! Was ist das dann? Mutwilliges Betrugskoten? Das Erschleichen einer Leistung, die ich selbst erbracht habe? Kriege ich da Post vom Staatsanwalt? »Sehr geehrter Herr Sträter, gegen 17:01 Uhr lösten Sie Urinieren für 50 Cent. Um 17:08 Uhr aber meldete die Lichtschranke in der Schüssel ein massives Objekt.« Was schreib ich da jetzt hin? »Verzeihung, mir ist die Bratwurst aus der Hand gefallen«? Schlimmer noch: Rückabwicklung. Wenn ich jetzt einen Euro fürs Kacken bezahle, dann aber nicht kann …, kommt die Frau dann rein und ruft: »ERIKA, ich hab 'n Storno!«

Wie gesagt, vorm Einschlafen sind meine Gedanken etwas unsortiert. Aber dann bin ich irgendwann eingeschlafen. Immerhin. Mitten in der Nacht wurde ich allerdings wach. Grund war eine Stimme an meinem Ohr: »Jetzt 'ne Obdachlosen-Zeitung?«

Ich mache Licht an. Der Bärtige steht neben meinem Bett.

»Ich hab ja gesagt, ich war mal beim Schlüsseldienst.«

»Immer schön am Ball bleiben«, sage ich. Geht wirklich schneller, als man denkt, denke ich, stehe auf und frage: »Willste 'nen Kaffee?«

»Gerne«, sagt der Bärtige, » Und du – 'ne Zeitung?«

Und ich: »Gib mir fünf.«

Auf dem Mittelaltermarkt

Ich gehe zur Kasse des Mittelaltermarktes. Hinter einem groben Tresen sitzt ein Mann in Kapuzenumhang und geschnürtem Wams mit Puffärmeln und sagt: »Gott zum Gruße, werter Edelmann. Mich dünkt, um Euch Einlass zu jenem famosen Spectaculum zu gewähren, muss ich Euer Säckel um vierzehn Goldstücke erleichtern.«

Ich verneige mich sehr herzogenhaft und erwidere: »Geht auch EC-Karte, du Kasper?«

Ging aber nicht. Schade.

Frohes neues Jahr, Berlin

Liebe Mitbürger,

vor langer Zeit nahm mein Großvater mich beiseite und sagte: »Mhhhhhhhhrrrrp.«

Und ich erwiderte: »Watt?«

Mein Oppa schrieb daraufhin etwas auf ein Blatt und schob es mir rüber. Ich las: »Junge, PATTEX ist kein guter Ersatz für Haftcreme.«

Ich glaube, was er mir sagen wollte, war: Geh mit offenen Augen durch die Welt. Ich versuch's – besonders, wenn ich hier in Berlin bin. Berlin ist faszinierend.

Als ich neulich mal in der Hauptstadt durch die Straßen ging, hörte ich plötzlich direkt an meinem linken Ohr eine Stimme, die da sprach: »EY, DU ARSCHLOCH!« Und ich fragte mich mit pochendem Herzen: War dies meine innere Stimme? Nein. Diese Stimme hatte einer brandgefährlichen Spezies gehört, dem lautlosen Despoten, auch bekannt als »Berliner Radfahrer«. Ich war mit meinem Koffer zwei Zentimeter auf den Fahrradweg geraten – und damit ins Jagdrevier jener, deren Maxime lautet: »Wenn ich schneller fahre als das Licht, muss ich's auch nicht anmachen.«

Als Nichtberliner hast du nur im Hellen eine Chance, denn dann siehst du sie wenigstens: die alternative Kreuzberger Else in der Pluderhose, die auf dem Gehweg so schnell dahinknüppelt, dass sich auf dem Gepäckträger der Porree im Fahrtwind biegt; den 70-jährigen Steuerberater mit den Betonwaden und den sich gut abzeichnenden zornigen Rentnerhoden in Spandex-Radler-Hotpants; und die

Klimamembranen-Mutti aus Mitte, die unentwegt irgendwas über ihre Schulter nach hinten brüllt, ohne zu merken, dass die Blagen den Kinderanhänger schon vor vier Kilometern abgekoppelt haben.

Ich liebe Berlin. Hier gibt es Dinge, die findest du nirgendwo. Das Konzept des SPÄTI beispielsweise, also die Möglichkeit, mitten in der Nacht in ein Geschäft zu latschen und Lebensmittel einzukaufen. Gibt's im Ruhrgebiet nicht. Da muss man zur Tankstelle fahren und wird mit einem Typen konfrontiert, der wie Hannibal Lecter hinter einer gelochten Panzerglasscheibe steht – mit dem Unterschied, dass sich Hannibal Lecter über Besuch freut.

Der Tankstellenvogel trägt das schlechteste Headset der Welt. Es klingt, als würde man versuchen, mit einem Konservendosentelefon eine Bergungsaktion unter Tage zu koordinieren. Keiner versteht irgendwas, es quietscht und rückkoppelt wie Hulle, also steht man da draußen vor der Tanke und brüllt mit seiner Bestellung die halbe Siedlung aus den Betten: »EINE FANTA, DIE TIEFKÜHLPIZZA UND ZIGARETTEN!« Der Typ in der Tankstelle versteht natürlich nix und hält deswegen mit fragendem Gesicht JEDEN EINZELNEN ARTIKEL IM SORTIMENT hoch, und man schüttelt zweitausend Mal den Kopf – es ist, als versuche man einem Schimpansen Kunststücke beizubringen: »NEIN, BONGO, BÖSE BANANE!«

Und dann wird man müde, nickt kurz mit dem Schädel am Glas ein, wird irgendwann wieder wach und sieht, was in der Verkaufsschublade liegt: 30 BIFI, Tampons und 'ne Pulle MARIACRON.

Berlin ist die einzige Stadt Deutschlands, die wirklich niemals schläft. Service rund um die Uhr. Ich mache oft den Kompakt-Tanzkurs am Kottbusser Tor – also ich lasse mich antanzen und präge mir die Schritte ein. Klar, die klauen mir das Portemonnaie, aber das kauf ich vorher immer billig auf dem Flohmarkt, und wenn der Dieb das später öffnet, findet er 'nen Euro und einen Zettel, auf dem steht: »Das nächste Mal bitte was mit Ausfallschritt. Kauf dir 'ne CAPRI-SONNE. Bis nächsten Monat.«

Berlin ist schon der Hammer.

Und dann, vor Weihnachten 2016, tötet ein verblendeter Schwachkopf zwölf Menschen auf einem Berliner Weihnachtsmarkt. Ich kenne die Namen der Verstorbenen nicht, sie wurden nicht veröffentlicht, im Gegensatz zu dem ihres Mörders, aber wenn ich ihre Namen wüsste, würde ich sie hier nennen. Weil ihre Namen so unermesslich viel wichtiger sind als der von dem Typen, der deswegen extra seine Papiere im Fußraum des Lkws liegen ließ.

Aber der Tipp meines Großvaters, mit offenen Augen durch die Welt zu gehen, entfällt mir gelegentlich. Letztes Jahr zum Beispiel – wahre Geschichte – benutzte ich in Berlin ein Taxi, öffnete an meinem Auftrittsort unachtsam die Beifahrertür und keulte damit brachial einen Herrn vom Fahrrad. Der Mann flog drei Meter weit, das Rad überschlug sich, und nach fünf Sekunden absoluter panischer Erstarrung meinerseits stand dieser Mann, ein Mittfünfziger – ungelogen – auf, sah mich an und sagte wörtlich: »MENSCH, HERR STRÄTER!«

Der war echt wütend. Mit Recht. Ich kenne 1000 Klischees über Berlin: Aber dieser Mann war wirklich wie Berlin, wie das Bild, das ich seit Dezember 2016 von Berlin habe: bei aller Härte aufrecht stehend.

Und ich war wie der Rest der Welt. Erst unter Schock. Ein Riesenschock. Dann: Wie hat der das überstanden? Und dann: Bewunderung.

Gutes neues Jahr, Berlin!

Wie man Präsident wird

Ich glaube ja, Trump ist in die Sache versehentlich reingerutscht. Kenn ich.

Ich verkleide mich gern an Halloween, bevorzugt als Mumie. Man braucht dafür an sich nur 'nen Verbandskasten. Billiges Kostüm. Abends zieh ich dann mit Freunden um die Häuser, ein Bierchen und Quatsch machen. Gegen 17 Uhr wickle ich mich sorgfältig und flächendeckend in Verbandszeug. Komplett. Und ich bin grade fertig, da fällt mir auf: Ich hab kein Bargeld im Haus. Also schnell im Kostüm nach gegenüber zum EC-Automaten ins große Einkaufszentrum.

Und dann sehe ich diesen elektrischen Massage-Sessel. Super. Also eine Runde rein da. Und wie ich da vibrierend im rappelvollen Einkaufszentrum hocke, durchfährt mich ein unfassbarer Schmerz. Ich schreie auf. Sofort kommen Leute näher. Ich versuche aufzustehen. Unmöglich. Ein kapitaler Hexenschuss hat mich ereilt.

Eine Frau mit Einkaufstüten fragt: »Alles gut?«

»Nein«, sage ich. »Ich habe Schmerzen und kann nicht aufstehen.«

Ein Rentner ruft darauf hin: »So geht's uns doch allen! Es passiert ja nichts in diesem Land!«

Die Einkaufstütenfrau nickt hektisch. »Gut, dass Sie das mal sagen! Das wird ja wohl noch erlaubt sein.«

»Jaja«, sage ich. »Kann mir mal einer beim Aufstehen helfen?«

»Ja, man kann nicht immer alles aussitzen«, ruft ein dritter Mann mit Kind an der Hand. Vereinzelt ist Applaus zu hören.

Die ersten Jugendlichen beginnen Fotos zu machen. »Gehen Sie vielleicht jetzt mal alle weiter?«, sage ich.

»Ja, genau!« Eine weitere Stimme. »Wird Zeit, dass wir mal weitergehen. Die da oben wollen ja, dass wir auf der Stelle stehen und nicht aufmucken.«

Weiterer Applaus.

Mittlerweile haben sich knapp 100 Menschen versammelt. Ich erhalte eine SMS von meinem Freund Olli. Text: »Alles ok?« Darunter ein Link zu FACEBOOK. Inhalt: Ein Bild von mir mit der Überschrift BANDAGENMANN IM SITZSTREIK KRITISIERT REGIERUNG. 2800 Likes.

»Hören Sie auf, Fotos zu machen! Ist gut jetzt! Hauen Sie ab!«

»Ja, es reicht«, brüllt irgendwer. »Das Boot ist voll.«

Applaus brandet auf. Es sind weitere Menschen hinzugekommen.

Ich muss was tun. Also sage ich: »Besser Sie gehen jetzt. Ich lasse jetzt nämlich einen fahren, und das wird schlimm.«

Wieder höre ich das Klicken von Kameras.

Fünf Minuten später eine weitere SMS von Olli. Facebook-Link: FAHREN WIRD SCHLIMM! ZENTRALRAT DER MUMIEN PROPHEZEIT PKW-MAUT! 12 000 Likes.

Es herrscht eine Stimmung wie auf der Kirmes. Ein Mann kniet sich mit verschwörerischer Miene neben mich. »Also, ich habe eine Werbeagentur«, raunt er. »Ich würde Sie gern unterstützen. Passen Sie auf ...«

»Nein«, sage ich.

»Doch. DIE MUMIENPARTEI. Wenn's hinten brennt!«

»Gehen Sie weg.«

Eine Durchsage ertönt. »Sehr geehrte Kunden, es ist nun 19:55 Uhr. In wenigen Minuten schließt das Shoppingcenter.«

Die Menschen zerstreuen sich applaudierend.

20:45 Uhr. Ich rufe ein bisschen um Hilfe.

23:00 Uhr. Der Wachdienst des Einkaufscenters lobt mich für meine klare Einstellung zur Regierung, und legt mir dann eine Decke übers Gesicht. »Jetzt aber ein Schläfchen, mein Imperator.«

Punkt neun Uhr am Folgemorgen zerrt mir einer die Decke vom Schädel. Da sind ein paar Hundert Menschen und ein Kamerateam. Manche schwenken Mullbinden. Ist heute nicht Feiertag? Mir wird ein Mikrofon ins Gesicht gehalten. Eine sehr formell wirkende Blondine sagt: »Eminenz: So viel Zuspruch für Ihr Null-Toleranz-Programm. Überwältigend. Was empfinden Sie?«

»Ich muss kacken«, sage ich.

Applaus.

Die Reporterin nickt ergriffen: »Heute Nacht sind über 20 000 Euro an Spendengeldern zusammengekommen. Horst Seehofer ist auf dem Weg hierhin. Um elf ist eine Pressekonferenz anberaumt. Was werden Sie den Menschen sagen?«

Ich lasse mich nach vorn aus dem Sessel fallen und beginne auf den Ausgang zuzukriechen. Die Menschen applaudieren frenetisch.

Die Reporterin sagt: »Es sind die großen Gesten dieses Mannes, die bewegen. Mit Demut in der Haltung macht sich das menschgewordene Menetekel im Mull, der sitzende Seher der Herzen, die schmerzverzerrte Stimme des Volkes auf den Weg ins Kanzleramt.«

Ich robbe aus dem Center und die Straße entlang. Mann, Mann. Diese Sache im Shoppingcenter hat mir Halloween versaut. Ich will mein altes Leben zurück.

Ich krabble willkürlich zu einem Haus, klingele irgendwo. Die Tür wird geöffnet. Da steht ein Mann in Jogginghose. »Ich bin spät dran«, sage ich, »Süßes oder es gibt Saures. Oder kann ich wenigstens Ihr Klo benutzen?«

Der Mann erwidert: »Kenn ich Sie nicht von CNN?«

Ich schließe die Augen und erkenne endgültig: Mit den richtigen Parolen kommst du bis nach ganz oben. Besonders, wenn du echt schiefgewickelt bist.

Erhöhter Gesprächsbedarf

Diese Geschichte habe ich für Jürgen von der Lippes Buch
DER KÖNIG DER TIERE geschrieben.

Ich erwache ahnungslos. Wobei »erwachen« jetzt irgendwie
impliziert, ich hätte da ein System, aber im Prinzip ist es,
als versuchte ich, mit einem Motorradhelm auf dem Schädel
durch den Geburtskanal einer Elefantenkuh zu kriechen.
Wie immer, wenn ich ein bisschen was getrunken habe.

Aber heute ist es anders.

Alles ist anders.

Zuerst einmal wäre da das Kopfteil vom Bett, das gestern
noch nicht so hoch war.

Zum anderen bin ich komplett bekleidet. Das kommt in
den besten Familien vor. Derartige Phrasen sage ich mir immer, wenn es nicht ganz rund läuft oder gelaufen ist. Oder
laufen wird. Das kommt in den besten Familien vor, ein Indianer kennt keinen Schmerz, und aus einer Igelhaut macht
man kein Brusttuch. Was immer das bedeuten soll.

Ich erhebe mich.

Aha, denke ich. Verstehe.

Das Kopfteil vom Bett kam mir deswegen so hoch vor,
weil ich hinter dem Sofa geschlafen habe. Dass ich vollstän-
dig bekleidet bin, dürfte dem Umstand geschuldet sein, dass
ich gestern kurz kegeln war.

So sage ich das immer meiner Gattin: »Frau! Harre nicht
meiner. Ich bin kurz kegeln.«

Kurz war es allerdings nicht, so viel steht fest. Der Rest

meiner Erinnerungen ist, als würde man SPARTACUS durch mehrere Schichten Feinstrumpfhose gucken. Junge, Junge. Das war was. Eigentlich sollte der Begriff »Kegeln« durch einen maritimen Terminus ersetzt werden – so oft, wie die Scheiße aus dem Ruder läuft.

Das wird jetzt wieder zu erhöhtem Gesprächsbedarf führen. Den hat meine Frau nämlich öfter mal – erhöhten Gesprächsbedarf.

Mein Kopf fühlt sich innen, so auf Höhe des Präfrontallappens, ein bisschen wund an. Kopfschmerztablette wäre jetzt gut. Und Kaffee. Behelfsweise würde ich mir auch eine Tube Bepanthen durch die Nasenlöcher ins Hirn drücken.

Ich nutze die fünf Sekunden Ruhe, bevor der Ärger losgeht, um mich zu sammeln. Dann sage ich mit fester Stimme: »Frau. Ich bin erwacht.«

Nix.

Sonderbar.

Üblicherweise schwallt nun ein hochfrequenter Impulsvortrag über Geschicklichkeitsspiele und Alkoholmissbrauch über mich herein. Doch heute dominiert Stille die Wohnung. Mir ist warm. Ich ziehe den Parka aus.

Dann suche ich meine Gattin. In der Küche steht eine benutzte Tasse mit kaltem Kaffee. Keine Frau.

Das Bett im Schlafzimmer ist zerwühlt.

Schlüssel am Brettchen im Flur fehlt.

Dann ist sie einkaufen. Gut.

Das verschafft mir etwas Zeit. Ziehe mich aus, dusche, ziehe mich wieder an. Dann gehe ich vor die Tür, um die Zeitung reinzuholen. Allerdings ist keine Zeitung da.

Überhaupt ist niemand da. Die Straße vor unserem Haus

ist leer und still. Kein Mensch zu sehen. Der Kiosk gegenüber ist geöffnet, aber unbesetzt. In der gesamten Siedlung ist keiner zu sehen.

Ich klingle beim Nachbarn und stelle fest, dass die Tür nur angelehnt ist. HALLO?

Keine Antwort.

Trete zurück auf die Straße und rufe erneut: HALLO?

Keine Antwort.

Ich versuche, die vergangene Nacht zu recherchieren, Puzzleteilchen zusammenzufügen.

Also noch mal von vorn:

Gegen acht aus dem Haus, kurz kegeln.

Mit den Jungs Schnitzel gegessen.

Dann Kegelbahn.

Dann komischen Schnaps getrunken. Eine Art Appenzeller Handkäs, nur als Getränk. Schlimm.

Dann kam dieser riesige Typ runter und meinte, wir sollten die Kegelbahn frei machen, wir seien schon Stunden zugange hier, und jetzt seien mal die Jungs vom »Motorrad-Club mit Aggressionsproblemen e. V.« an der Reihe.

Ich antworte: »Nicht in dem Ton, Frollein.«

Dann Handgemenge.

Der Rest liegt im Dunkel. Kann aber nicht so schlimm gewesen sein.

Immerhin machen wir seit einigen Jahren nicht mehr dieses Spiel, wo wir unsere mit Namen beschrifteten Haustürschlüssel in den Hut werfen und jeder zieht einen. Und dann fährt man mit dem Schlüssel zur Adresse, die auf dem Etikett steht und schläft da. Kamikaze-Partnertausch. Ist selten was Gutes bei rausgekommen.

Und dann, plötzlich, während ich völlig allein auf der

menschenleeren Straße stehe, wird mir mit aller Deutlichkeit klar, was Sache ist.

Die Menschheit existiert nicht mehr.

Ich bin der Letzte meiner Art.

Die Erkenntnis rammt mich wie ein Bus.

Ich gehe zurück in die Wohnung. Setze mich auf die Couch.
Versuche nachzudenken. Und dann denke ich: wozu denn?
Ab jetzt ist es nur noch wichtig, Lebensmittel zu horten.
Dann zu jagen, wenn alle Konserven aufgebraucht sind. Und
Trinkwasser! Drehe den Wasserhahn auf. Läuft. Immerhin.
Ich sitze eine Stunde regungslos da.

Wie ist das passiert? Und warum bin ich noch da?

Ich erinnere mich daran, dass die Regierung die Menschen
zu Hamsterkäufen anregte. Das könnte was damit zu tun
haben. Könnte natürlich auch sein, dass irgendwer von der
CDU in den Vorstand von LIDL aufgerückt ist. Keine Ahnung.

Und wen sollte ich auch fragen?

In diesem Zusammenhang fällt mir auf, dass meine Frau
mir fehlt. Eigentlich habe ich sie nie richtig verstanden. Das
lag aber nicht nur daran, dass Männer und Frauen so unglaublich verschieden sind. Da war auch einfach ganz viel
Desinteresse dabei. Da muss ich mal ehrlich zu mir selbst
sein. Ich hab Frauen nie so richtig verstanden. Dieses ganze
Menstruationsding – wer macht so was freiwillig?

Gehe auf den Balkon und rauche mir eine. Eigentlich rau-
che ich gar nicht, aber wen soll es jetzt noch interessieren?
Diese Stille in den Vorgärten, die totale Abwesenheit von
Menschen. Wahnsinn. Ich könnte mich dran gewöhnen.
Muss ich auch.

Ich betrete das Schlafzimmer und öffne den Kleiderschrank. In der unteren Schublade liegt das heikle Zeug. Unsereins trägt ja ganz normale Unterwäsche. Wozu mit flirrenden Stoffen und raffinierten Schnitten für Reizüberflutung sorgen? Wenn er waschbar ist und sich nicht schleichend ins Gebälk sägt, hat für mich ein Schlüpfer alle Funktionen, die er braucht.

Die Gattin hätte da eine andere Herangehensweise. Was sie in der unteren Holzetage unseres Schranks hortet, ist ein ganz anderes Kaliber. Das gehört ganz klar in die Rubrik DESSOUS, wenn auch mit einem Schlenker in die Welt des Sanitätshauses. Greife mir ein Teil und rieche daran. Wunderbar. Es riecht nach ihr. Ich habe dieses Bedürfnis meiner Frau, nämlich für mich attraktiv zu sein, nie richtig anerkannt.

Schon witzig – jetzt, wo es zu spät ist, werde ich sensibel.

Ich ziehe mein Hemd aus und schlüpfe in das fliederfarbene Negligé. Ich spüre instinktiv, dass es mich näher mit meiner Frau zusammenbringt. Fühlt sich nicht übel an. Aber ich ermahne mich, jetzt nicht weich zu werden.

Ich muss mich vorbereiten. Jetzt im Moment ist alles gut, klar, aber in nicht allzu ferner Zukunft werden sämtliche Haustiere verwildern. Dann heißt es: Töte oder stirb. Baue mir in der Küche einen Speer. Besenstiel. Mit Klebeband ein Brotmesser dran. Liegt gut in der Hand.

Ich fühle mich zum vielleicht ersten Mal im Leben wie ein richtiger Mann. Sage laut: »Ihr fünf dort geht da lang, der Rest von euch kommt mit mir.«

Dann gehe ich wieder ins Schlafzimmer. Ich knie nachdenklich vorm Vermächtnis meiner Frau. Sinniere lange darüber nach, wozu Stringtangas jetzt konkret gut sind. Sie ergeben bekleidungstechnisch nicht den geringsten Sinn. Wo soll da der Vorteil sein, permanent die Pobacken an der frischen Luft zu haben? Vielleicht eben wegen der frischen Luft? Nein. Das könnte man diskreter haben, indem man sich bei Bedarf im stillen Kämmerlein den Arsch föhnt. Ich komme nicht dahinter. Also ziehe ich einen an. Oha, denke ich, das fühlt sich hintenrum auf eine Art angenehm an, die ich nicht gut finden möchte.

Andererseits fühle ich mich nicht schlecht. Ich bin ein freier Mann. Sicher, unter den schlimmstmöglichen Umständen, verdammt dazu, von nun an allein auf diesem Planeten zu wandeln. Aber das macht mich auch zum König der Erde, wenn man es recht bedenkt.

Was ich gestern noch war, zählt heute nicht mehr.

Ja.

Heute könnte ich meine Frau beschützen. Ich bin gewachsen. Bald werde ich meinen Rucksack packen und aufbrechen. Ich muss eine Frau finden. Das bin ich der Welt schuldig. Wir werden uns paaren, alles andere wäre nicht im Sinne der Menschheit. Optik ist nicht entscheidend, da bin ich Vernunftsmensch. Wenn ich jetzt nur ein Schimpansenweibchen finde ... Gucken wir mal.

Eins aber steht fest: Erst jetzt, am Ende der Menschheit, bin ich zu dem geworden, der immer in mir verborgen war. Ich beherberge sowohl eine feminine Seite als auch das Herz eines Kriegers. Ich bin ebenso sexy wie tödlich. Ich bin Mann, Frau und Jäger. Mit dieser glühenden Erkenntnis und bis zum Zerreißen geschärften Sinnen marschiere ich vor die Tür.

Und wie ich da in den kalten Wind vor meiner Wohnung trete, höre ich eine elektronisch verstärkte Stimme:

»SIE KÖNNEN JETZT ALLE WIEDER IN IHRE WOHNUNGEN. WIR HABEN DIE FLIEGERBOMBE ENTSCHÄRFT.«

Und da sind auch meine Nachbarn.

Im Prinzip die ganze Siedlung.

Und meine Frau. Sie starren mich an.

Ich stehe da mit meinem Speer, in Negligé und String-tanga, und blicke feierlich zurück.

Hm, denke ich, das kommt in den besten Familien vor.

Aber kraft meiner neuen, geschärften Sinne erkenne ich glasklar: Meine Frau hat mal wieder erhöhten Gesprächs-bedarf.

SMS an Mutter

Gelegentlich schreibe ich meiner Mutter eine SMS. Ich sollte in dem Zusammenhang vielleicht dazu sagen, dass meine Mutter vor fünf Jahren gestorben ist. Ihre Nummer habe ich allerdings noch gespeichert ... und weil sie nicht miterleben konnte, dass ich es doch noch zu etwas gebracht habe, schreibe ich ihr eben ab und zu.

Ich fühle mich dann einfach besser.

Es ist ein wenig wie Tagebuch schreiben. Macht ja keiner mehr. Alles digital heutzutage. Neulich zum Beispiel wies mein Sohn auf unsere Treppe und sagte: »Was ist das für eine viereckige Kacke da?«

»Ein Brief.«

Im Dezember tippte ich also wie immer »Alles Liebe zum Geburtstag!« – und erhielt als Antwort: »Was?«

Ich kann nicht beschreiben, wie sehr ich mich erschrocken habe.

Dann kam noch eine Nachricht: »Ich habe keinen Geburtstag.«

Ich schrieb: »Doch.«

»Nee, hast dich vertippt.«

»Ich kenn ja wohl die Nummer meiner Mutter«, tippte ich.

»Dann ruf sie an, aber geh mir nicht auf den Sack.«

»Das geht nicht«, schrieb ich. »Sie ist gestorben.«

Allmählich wurde mir klar, dass die Telefonnummer meiner Mutter neu vergeben worden war. Aus irgendeinem Grund kränkte mich das. Es kam mir herzlos vor.

Ich erhielt eine weitere SMS.

»Na, sorry jedenfalls. Aber noch mal: Ich bin nicht deine Mutter.«

Ich wurde wütend. Keine Ahnung, warum, also schrieb ich:

»Du könntest dir wenigstens ein bisschen mehr Mühe geben.«

»Wobei?«

»Ich hab dir immerhin gratuliert«, schrieb ich.

Einige Minuten passierte nichts. Dann:

»Alles klar. Danke, Puppe.«

»Nix Puppe, schrieb ich – ich bin männlich.«

»Ja, verdammt, dann danke, Mann.«

»Jetzt nicht mit Fluchen anfangen«, schrieb ich. »Ich wollte nur gratulieren.«

Antwort: »Ja. Super. Kann ich jetzt weiterarbeiten?«

»Entschuldige«, schrieb ich.

»Kein Problem. Bye.«

»Bis bald, Mutter.«

»Alter, ich BIN NICHT DEINE MUTTER!«

»Wie kannst du so was sagen?«, schrieb ich. »Du hast dich dein Leben lang um mich gekümmert und warst immer für mich da.«

Antwort: »Jou. Und jetzt wird es mal Zeit, auf eigenen Beinen zu stehen. Ich hab echt zu tun. Räum dein Zimmer auf. BYE.«

»Ey, ich bin erwachsen«, tippte ich.

»Das ist ja wohl kein Grund, sein Zimmer nicht aufzuräumen.«

Auch wieder wahr.

»Okay«, schrieb ich. »Ich hab auch noch zu tun, Mutter.

Ich hab dich lieb, aber ich kann nicht den ganzen Tag mit dir rumtexten.«

Antwort:

»Ich glaub, es hackt! DU hast MICH doch angeschrieben!«

»Japp«, schrieb ich, »aber ich muss jetzt auch was tun. Bis bald.«

Antwort: »Also wann wir hier fertig sind, entscheide immer noch ich, du Affe.«

»Entschuldige.«

»Jaja. Einmal im Jahr meldest du dich, und dann muss es hopplahopp gehen.«

Ich bekam ein schlechtes Gewissen. Wer immer das am anderen Ende war – allmählich hatte er den Bogen raus.

»Du weißt doch, wie viel ich zu tun hab, Mutter.«

Antwort: »Ja, und? Irgendwann bin ich nicht mehr da, dann ist es zu spät.«

Da fiel mir ehrlich gesagt nix drauf ein.

Na ja. Seit diesem Tag simsten wir häufiger, und ich muss sagen, dieser Mensch am anderen Ende der Leitung hat sich gut eingearbeitet.

Wenn ich schrieb: »Grüße aus Stuttgart!«, kam als Antwort: »Zieh dir bloß eine Jacke an, es frischt wieder auf.«

Tippte ich: »Hi, Mutter! Ich glaube, ich flieg mal ein paar Tage in den Urlaub«, kam zurück:

»Wenn du dir das leisten kannst – schön. Ich habe jedenfalls keinen Dukatenscheißer in der Ecke stehen.«

Und genau ein Jahr nach dem Erstkontakt erhielt ich um 00:01 Uhr eine SMS:

»Deine Mutter hat Geburtstag, und von dir kommt nichts. Aber Undankbarkeit bin ich ja gewohnt.«

»Ey«, tippte ich. »Du hast seit 65 Sekunden Geburtstag! Es ist mitten in der Nacht! Ich lieg im Bett!«

»Ja, und? Geburtstag ist Geburtstag!«

All das tat mir gut. Es war bescheuert, aber es tat mir gut.

Im Februar allerdings bekam ich dann eine Nachricht folgenden Inhalts:

»Wir müssen reden. Du musst herkommen. Dringend.«

Im Anhang befand sich eine Adresse in Frankfurt am Main, und eine Woche später lernte ich meine digitale Stiefmutter kennen.

Sie heißt Tarek, ist KFZ-Mechatroniker und Deutschtürke, sehr durchtrainiert. Tarek hatte eine junge Frau dabei. Wir setzten uns in einem Café zusammen.

»Pass auf«, sagte Tarek. »Wir müssen mit dem Scheiß aufhören. Das hier ist meine Verlobte, und sie glaubt wegen der ganzen SMS, ich hätte ein uneheliches Kind.«

»Oh«, sagte ich. »Tut mir leid.«

Die junge Frau lachte, als ihr klar wurde, dass nicht viele 32-jährige Männer einen 50-jährigen Sohn haben.

»Tarek«, sagte ich, »danke für alles. Du bist echt 'ne coole Sau.«

Er zog die Stirn in Falten und erwiderte: »Wie redest du eigentlich mit deiner Mutter, du Kartoffel?«

Und das war's dann. Wir schreiben uns gelegentlich noch SMS. Ganz normale. Und auch nicht besonders häufig. Aber er gratuliert mir meist zu meinem Geburtstag.

Und am Muttertag schicke ich ihm immer einen Tankgutschein für seinen 5-er BMW.

Omma

Ja. Die Ära der Kanzlerin geht zu Ende. Da ich die aber gar nicht kenne, erzähl ich was über meine Omma. Denn sie hatte das kommunikative Rüstzeug, das vielen großen Politikern fehlt. Die ging mit mir vom Supermarkt nach Hause, ich trug die Tüten, dann kam uns eine Frau entgegen, meine Omma blieb stehen und sagte: »Na du, wie geht's dem Udo?«

Frau: »Meinst du unsern Uwe?«

Omma: »Genau. Ist der noch so krank?«

Frau: »Ach, der hat ja jetzt wieder den Kiosk.«

Omma: »Der Rubel muss rollen, ne?«

Frau: »Das letzte Hemd hat keine Taschen. Und watt macht deiner?«

Omma: »Ja, tot.«

Frau: »Immer noch?«

Omma: »Seit'm Krieg. Hauptsache, du hast die Malaisen mit den Füßen nicht mehr so.«

Frau: »Ich geh ja nicht mehr so viel. Nur noch nach'n REWE und gut. Sonst bringen die Kinder was mit.«

Omma: »Die Susanne?«

Frau: »Nee, der Björn.«

Omma: »DER ist groß geworden, der Bursche, du. Meine Herren.«

Frau: »Ja, ist 52 jetzt.«

Omma: »Na, hoffentlich bleibt das Wetter jetzt mal 'nen paar Tage so.«

Frau: »Ja, ich muss auch nach'n Doktor wegen Rezept für unsern.«

Omma: »Für'n Karl-Heinz?«

Frau: »Der Josef hat es so anner Milz, der is sich nur am Wälzen.«

Omma: »Ja, dann bis die Tage.«

Und dann gingen wir weiter.

Und während ich stumm neben meiner Omma hertrabte, wurde mir klar: Die kannten sich gar nicht.

Um meine These zu untermauern, fragte ich Omma: »Wer war das?«

»Du, ich kann jetzt nicht jeden kennen«, sagte Omma. »Aber quatschen macht man trotzdem. Das ist eine Frage des Interesses.« So war sie.

Und sie war sich für nichts zu schade.

Dass sie stets ihre Fittiche über mich hielt, war mit das Schönste. Ich weiß noch, wie ich mich damals immer von der Toilette erhob und rief: »OMMA! FERTIG!«

Dann kam sie und half mir beim Abputzen, die Augen voller Milde und Fürsorge, und gelegentlich sagte sie liebevoll: »Jetzt aber husch, du kommst zu spät zur Berufsschule.«

Das war 'n Scherz! Das stimmt nicht! Aber ernsthaft … Sie machte einiges mit und ertrug es mit Gleichmut.

Ende der Achtziger war ich Gothic. Ich trug Umhang, hatte mir die Haare mit dem Inhalt einer halben Kiste MEZZO MIX gestylt und für jedes Auge einen kompletten Kajalstift benötigt. Ich ging sie trotzdem oft besuchen.

Meine Omma bekreuzigte sich dann immer, weil sie dachte, ich komme sie holen. Wir konnten das aber immer schnell klären.

Vor allem anderen aber war sie ziemlich lustig. Und am meisten lachte sie über sich selbst. Abschließend deswegen eine Begebenheit, die übertreibungsfrei eins zu eins so passierte:

Anfang der Neunziger: Ich bin mit Omma und meiner Mutter im Auto unterwegs, als Omma vom Rücksitz sagt: »Ihr Lieben, ich muss mal aufs WC.«

»Hier ist nix. Das ist alles Landstraße«, erwiderte meine Mutter.

Wir fuhren noch eine Weile, dann meldete Omma sich erneut: »Es pressiert allmählich. Ich muss aufs WC.« Also begann meine Mutter, ernsthaft irgendeinen passenden Platz zu suchen. Weit und breit keine Tankstelle. Sollten wir irgendwo bei Fremden klingeln? Das war Omma auch nicht recht. Sie war eine Dame.

Nach zwanzig Minuten Herumgegurke sahen wir dann endlich einen akzeptablen Platz: ein gigantischer, menschenleerer Acker, begrenzt nur durch einen etwa drei Meter hohen, sanft ansteigenden Wall. Am Fuße dieses Walls stand eine vernagelte Holzhütte. Uneinsehbar von drei Seiten.

Omma hüpfte aus dem Wagen und verschwand hinter der Holzhütte. Nach einer Minute näherte sich auf der Anhöhe ein Zug. Ein langer Zug. Ach kuck, dachte ich noch, da oben laufen Schienen lang. Und dieser Zug wurde langsamer, immer langsamer, bis er schließlich exakt mittig über dem Holzverschlag zum Halten kam. »Herr im Himmel«, sagte meine Mutter. Der Zug stand. Mindestens 200 Menschen blickten interessiert aus dem Fenster. »Herr IM HIMMEL«, sagte meine Mutter erneut. Ich kurbelte das Fenster ein wenig herunter. Und ich hörte meine Omma schallend lachen. Dann kam sie hinter dem Verschlag hervor, noch immer lachend. Und dann musste ich lachen. Das war genau mein Humor. Und dann konnte meine Mutter nicht mehr und wieherte los. Ich hab mich im Fußraum gewälzt, meine Omma konnte kaum gehen, so sehr hat die sich beeumelt, zehn Minuten war jede Weiterfahrt ein Ding der Unmöglichkeit. Was habe ich geschrien! So war meine Omma. Eine große Frau.

Und wenn es so was wie Funk in den Himmel gibt, so eine Art göttliches Babyfon, dann hat sie das jetzt gehört und lacht schon wieder, inmitten ihrer Freundinnen, bei einem ausgedehnten Kaffeekranz da oben. Und wenn eine ihrer Freundinnen da oben zufällig nicht lacht, sagt meine Omma garantiert: »Also wenne dat nich' lustich findest, warste in dem Zuch.«

Struppi begins

Ich hatte soeben meine Ausbildung als Herrenschneider beendet und war nun Geselle, mein Bruder fertig mit Gas- und Wasserinstallateur und gerade Vater geworden – es war der 5. Dezember 1988, einen Tag vor Nikolaus, und an Nikolaus, das sei mal als brillantes Wortspiel installiert, macht man 'nen Stiefel mit. Denn an Nikolaus hatte unsere Mutter Geburtstag. Wir liebten sie abgöttisch. Sie war eine stolze Frau Anfang 50, stets geschmackvoll gekleidet und immer bereit, uns Kinder mit verbalen Zuwendungen zu erfreuen wie: »Wenn du mir auf den Teppich kleckerst, schlage ich dir den Schädel vom Rumpf.«

Mein Bruder und ich hockten zusammen und überlegten, was wir ihr schenken sollten. Die Zeit drängte. Und sie hatte ja alles. Wenn sie überhaupt was brauchte, waren das Dienstleistungen. Sie lebte allein und war sehr, sehr patent, aber gelegentlich schickte sie uns Dinge »einholen«, womit sie einkaufen meinte. Ich finde, einholen kann man Erkundigungen, aber kein Brot, aber so wurde das seinerzeit formuliert. Sie sagte dann: »Huscht mal schnell in den KONSUM, holt mir 'ne kleine Tüte Sago, Backpulver, Affenfett und 'n Stuten.«

Wir kehrten meist erst Stunden später zurück, weil wir vorher in der Bücherei waren, um herauszufinden, wer oder was KONSUM, Sago und Affenfett waren.

Also was schenkte man einer Frau, die nix brauchte? »Ich könnte ihr was nähen«, schlug ich vor. »Aha, der Herr Schneider«, erwiderte mein Bruder, »zum Beispiel?«

»Ja, weiß ich nicht, 'ne Hose.«

»Und die Maße von unserer Mutter hast du?«

»Ja, nee.«

»Also was ist dein Plan? Nachts durchs Kellerfenster, dann lautlos ins Schlafzimmer, unserer Mutter 'nen Lappen mit Chloroform aufs Gesicht und dann mit'm Zollstock dran?«

»Was würdest du denn vorschlagen? In deiner Eigenschaft als Gas- und Wasserinstallateur? Willst du ihr als Zeichen deiner Liebe behutsam die Keramik durchpümpeln?«

»Immer noch besser als nähen. Wir sind keine Mädchen, und wir sind keine fünf. Wir malen keine Bilder, wir basteln nix, und es muss nix genäht werden. Dann kaufen wir eben was.«

Eine Stunde später. Ein kleiner Juwelier.

»Du sagst nichts. Wenn wir was Schönes finden, werde ich verhandeln.«

»Warum?«

»Weil das alles nur so Richtpreise sind bei Schmuck. Überlass das mir.«

Der Juwelier zeigte uns ein sehr hübsches Armband. Ich nickte meinem Bruder zu.

»Niedlich, was muss man dafür anlegen?«, fragte mein Bruder.

»499 Mark.«

Mein Bruder erwiderte: »Nee, sach mal ohne Scheiß jetzt.«

»Äh ... 499 Mark«, sagte der Juwelier.

Mein Bruder lehnte sich vertraulich vor.

»Nee, sach mal wirklich ohne Scheiß jetzt.«

»Bitte?«

»Ohne Scheiß jetzt. Wie viel?«

»Das ist der normale Verkaufspreis«, zischte der Juwelier.

»NEE«, sagte mein Bruder, »sag mal ohne Scheiß jetzt!«

»Hören Sie«, sagte ich, »mein Bruder ist geistig behindert. Wir müssen nun gehen.«

»Schade«, sagte der Juwelier.

Ich nickte und zerrte meinen Bruder vor die Tür.

»Das war deine Taktik?«, fragte ich. »Nee, ohne Scheiß jetzt? So redet kein Mensch. Wo hast du das denn aufgeschnappt?«

»Das habe ich erfunden«, erwiderte mein Bruder. »So sprechen die Harten. Da merkt das Gegenüber dann sofort, mit dem macht man keine Spielchen.«

»Und nun?«, fragte ich. »Immer noch kein Geschenk für unsere Mutter. Letzte Chance: Ich kann was nähen.«

»Hier muss nix genäht werden! So verzweifelt sind wir nicht. Und wenn selbst gemacht, dann was Maskulines, Bruder. Ich hab 'ne Idee.«

20 Minuten später. Wir trafen auf dem Gehöft von Bauer Horst Maschulske ein, der einen kleinen Hofladen betrieb und neben Fleisch, Kartoffeln und Milch auch mehr oder wenige sinnstiftende Gegenstände aus Holz vertrieb. Er neigte zudem dazu, ein bisschen zu betrügen. Und zwar nicht besonders raffiniert. Einmal hat er vor den Augen aller Kunden vier Eier in den Karton getan und gesagt: »So, sieben Eier, macht fünf Mark.« Man konnte ihm irgendwie nicht böse sein.

Bauer Horst war zugegen.

»Wir brauchen ein Vogelhaus«, eröffnete ich. »Aber günstig.«

»Ich hab nur noch eins«, sagte Bauer Horst, »und das ist aus Metall. Kommt mal mit.«

Er führte uns zum Vogelhäuschen. Wir betrachteten es sehr lange, dann sprach mein Bruder aus, was auch ich dachte. »Datt ist 'n abgesägter Blitzer.«

»Ja watt anderes hab ich nich!«, brauste Bauer Horst auf.

»Gar nichts?«

Der Bauer überlegte einen Moment. Dann hellte sich seine Miene auf. Er führte uns in den Stall. Da war ein Karton. Wir blickten sehr lange hinein.

»Schenk ich euch«, sagte Bauer Horst.

»Ich bin mir nicht sicher, ob das eine gute Idee ist.«

»Das beste Geschenk der Welt«, sagte Bauer Horst. Aber irgendwas an seinem Tonfall missfiel mir.

Der sechste Dezember. Nikolaus. Wir trugen den Karton zum Haus unserer Mutter. In einer Stunde würde es Kaffee und Kuchen für die ganze Sippe geben. Ich brauchte Kaffee. Ich hatte die letzte Nacht kaum geschlafen.

Unsere Mutter öffnete. Sie sah wie immer großartig aus, lächelte uns an und sagte: »Zieht die Schuhe aus oder ich klopp euch die Füße kaputt.«

Wir gratulierten. »Hier«, sagte mein Bruder. »Geschenk.« Er stellte den Karton ab. Unsere Mutter nahm den Deckel ab. Dann sagte sie: »Was im Namen Christi ist das?«

»Wir haben verschiedene Theorien«, eröffnete ich, »aber im Prinzip glauben wir, ein Hund.«

Meine Mutter blickte uns an. »Habt ihr den Verstand verloren, ihr Idioten?«

»Nimm ihn bitte an«, unterbrach ich schluchzend und wies auf mein geschwollenes Gesicht. »Er hat, als ich gestern Nacht geschlafen habe, versucht, seinen Knochen in meinem Gesicht zu vergraben. Er wedelt mit dem Schwanz, um dich anzulocken, und beißt dann. Er hat achtmal auf den

Teppich gekackt, und mich dann ganz vorwurfsvoll angesehen, als ob er sagen wollte, WAS IST DAS FÜR BILLIGE AUSLEGEWARE, DU OPFER? Er hat genau die Farbe von Asphalt, draußen ist er unsichtbar, wie der PREDATOR, aber er ist gemein, er ist das Ding ohne Namen, er tötet für FROLIC, bitte nimm ihn, Mutter.«

»Ist das euer Ernst?«, fragte sie.

»Ich hätte auch was nähen können«, sagte ich.

»Es muss nix genäht werden!«, brüllte mein Bruder.

Meine Mutter sagte: »Nee, sacht mal ohne Scheiß jetzt.«

Aha, dachte ich.

Es klingelte. Alarmiert sprang der Hund aus dem Karton und rannte zur Tür. Wir sahen dem Tier nach.

»Ist da Schakal mit drin?«, fragte mein Bruder.

Meine Mutter ging zur Tür und öffnete.

Es war die Schwiegermutter meines Bruders.

Sie sah den Hund, bückte sich hingerissen und hob ihn auf.

Die Blicke von Mensch und Tier trafen sich. Es war Liebe auf den ersten Blick.

»Och, wer bist du denn?«, fragte sie.

»Er hat keinen Namen«, sagte ich.

»Aber du kannst ihn gern haben«, sagte meine Mutter.

»Ich werde dich Struppi nennen«, sagte Omma Christel.

Der Hund wedelte mit dem Schwanz. Dann biss er Omma Christel ins Gesicht.

»Also das muss genäht werden«, sagte mein Bruder.

Ich nickte. »Ich glaub auch. Das gibt 'ne Narbe.«

Mein Bruder beugte sich vor, betrachtete die Wunde und sagte: »Da wirste mit einer nicht auskommen.«

Aber das ist eine andere Geschichte.

Teil 2: Vizeersatz-pressesprecher-statements für *extra 3*

Vorwort 2

Die Sache bei *extra* 3 geht so: Die Sendung läuft einmal im Monat donnerstags. Am Montag davor ruft mich eines von den Mädchen oder einer der Jungs aus der Redaktion an und fragt mich, was ich davon halten würde, der Ersatz-Pressesprecher von XY zu sein. Das kann ein Politiker sein, ebenso oft aber eine Institution – in jedem Falle aber momentan schwer im Gespräch. Dienstag beginne ich dann mit dem Text. Ich schreibe fast nie an Montagen. Da bin ich ganz Friseur. Und dann schick ich den Text der Redaktion. Er ist immer zu lang. Seit fünf Jahren. Immer. Auf dem Weg nach Hamburg kürze ich das Material. Dann zeichnen wir auf. Ich lese dabei meinen selbst geschriebenen Text vom Teleprompter ab. Er ist zu frisch, um ihn auswendig zu können. Danach esse ich ein Brötchen und fahre zurück. Nur dass ich's mal erzählt habe. Nun ja: Hier sind die Texte.

Ach so: Natürlich handeln sie von Themen und Leuten, die damals schwer im Gespräch waren. Sie brauchen also ein bisschen Gedächtnisleistung. Goldfischfaktor 5 – so um die Drehe. Wird schon.

Katholische Kirche

April 2019

Gott zum Gruße,
ich darf Ihnen aus dem Headquarter der katholischen Kirche bereits jetzt ein gesegnetes Osterfest wünschen. Seit Anbeginn der Zeit ist die katholische Kirche am Markt präsent. Doch hört man allenthalben Menschen rufen: Gott ist gut, aber sein Bodenpersonal verkackt bestialisch. Was ist da los?

Ich darf Ihnen zurufen: Nichts. Alles gut. So ist das nun mal in gewinnorientierten Unternehmen: Irgendein Abteilungsleiter hat immer Dreck am Stecken. Ein widerliches Bild. Das man ia so stehen lassen kann. Einige wenige Geistliche haben kurz dumme Dinge mit Menschen gemacht. Mit einige wenige meinen wir in diesem Falle verdammt viele, mit dumm menschenverachtend und zerstörerisch, mit kurz lange, und mit Geistliche so ziemlich jeden Posten bis knapp unterm Papst. Können wir aber im Prinzip nix für. Josef Ratzinger, Papst a. D. und nun der Dumbledore des Vatikans, hat's doch erklärt: Dass junge Menschen massiv in der katholischen Kirche missbraucht wurden, können sich die 68er auf den Zettel schreiben. Das Hippie-Gezücht ist schuld. Und Herr Ratzinger gibt zusätzlich zu bedenken: Wenn man nicht schwimmen kann, liegt's immer an der Badehose. Außerdem werden diese Sexualstraftäter von der Kirche bestraft! Die müssen, wenn sie erwischt werden, umziehen. Ab in eine andere Gemeinde. Die unbefleckte

Versetzung. Da stehen se dann, neue Schäfchen, du kennst keinen, WLAN vielleicht zu langsam, der Grieche hat mittwochs Ruhetag – ein Albtraum. Da kracht des Klerus eiserne Faust hart auf das Pult der Gerechtigkeit. Da kennen wir nichts. Der Papst wird das auch noch einmal betonen, wenn er bei seiner Keynote am Ostersonntag zu Ihnen spricht. Das werden harte Worte. Grobi et Orbi! Vielleicht. Er kuckt mal. Oder wie Herr Ratzinger gerne sagt: Kommt Zeit, kommt Zeit.

Wir sind gut mit Worten, wissen Sie? Aber: Wir machen Fehler. Ja. Andererseits sind wir echte Player, was den Mammon angeht. Wir sind, und das sagen wir nicht ohne Stolz, der größte Grundbesitzer Deutschlands. Okay, neulich in der kleinen bayerischen Stadt Eichstätt hat die katholische Kirche ein bisschen bräsig mit Immobilien-Spekulationen Kohle verzockt. 48 Millionen. Geld weg, Immobilien weg. Ein' feste Burg sieht anders aus. Aber das sind Kleckerbeträge. Die von der Erzdiözese München haben natürlich geschmunzelt, aber die sind eh die Lässigsten, die haben knapp 6 Milliarden Euro auf Tasche. Als eine von 27 Diözesen. Aber über Geld, speziell die Kirchensteuer, spricht man nicht, das lässt man sich vom Brutto abziehen. Also Sie! Geben ist seliger denn Nehmen! Und Haben ist besser als Brauchen. Immerhin: Wir verwenden das Geld, so viel können wir Ihnen versichern ... Ende vom Satz. Punkt. Die katholische Kirche, so viel steht fest, wird fortbestehen, ein uralter Mann wird einen anderen uralten Mann ersetzen, vieles verjährt, der liebe Gott blickt auf uns alle herab – aber wir bleiben, wie wir sind, warum auch nicht, man ändert sich ja nicht einfach von einem Jahrhundert aufs andere. Also bleiben Sie bei der katholischen Kirche, dem besten

Betriebssystem für Ihre Seele, dem Original, hart, aber herzlich, im Zeichen des Kreuzes,
amen und schöne Ostern.

Die Deutsche Bahn

November 2018

Hochverehrte Reisende, liebe Bürgerinnen und Bürger,
die Zukunft wird so: Eine maximale Reisegeschwindigkeit
bei gleichzeitiger Minimierung der Fahrgeräusche, weniger
Emission, ausgewogenes Essen, schnelle Datenverbindun-
gen, maximale Sicherheit und kaum nennenswerte Kosten
für den Transport, das alles bei effizientem Energieeinsatz.
So steht es im neuen Prospekt der aktuellen Klingonen-
flotte. Doch nun zur DEUTSCHEN BAHN.

Obwohl die Zukunft ja erst morgen ist, und heute lediglich Donnerstag, müssen wir, die Bahn, was tun. Andererseits ist morgen ja auch wieder nur die Gegenwart, und die
Zukunft deswegen Samstag, und dann ist keiner im Büro.
Ich fang noch mal an:

Liebe Bürgerinnen und Bürger,
die Bahn kommt. Wir wissen aber auch: Momentan sind
wir nicht mehr als ein Konsortium konfuser Menschen,
die dafür sorgen, dass sich ein paar Hundert nach Chili con
Carne riechende Blechblindschleichen scheppernd durch
Deutschland schrauben – aber nun wird alles anders. Hier
unser Konzept für DIE NEUE BAHN, THE NEW BANE, LOS
BAHNOS NUOVO!

1. Das Internet in den Zügen wird abgeschafft. Es war ohnehin nur ein ruckeliges Alibi-Netz ohne nennenswerte Funk-

tion. Eine Seite von YOUPORN aufzubauen war wie Malen nach Zahlen. Kommt weg. Kucken Sie stattdessen aus dem Fenster, oder nutzen Sie beim Schaffner den Buchverleih. Top-Titel der Woche: Marcel Prousts AUF DER SUCHE NACH DER VERLORENEN ZEIT und Sten Nadolnys DIE ENTDECKUNG DER LANGSAMKEIT.

2. Der »Zug zum Flug«-Service wird optimiert: Kegelklubs und Mallorca-Orks können sich nun im medizinischen Sonderabteil vor Flugantritt liebevoll den Magen auspumpen lassen. Denn viele Fluglinien sind im Gegensatz zu uns eher streng unterwegs, wenn rotzbesoffene Armleuchter in CAMP-DAVID-Pullis einchecken wollen. Also merke: »Erst Eimer her, dann RYANAIR«.

3. Hygiene: In jedem Abteil findet sich nun ein ausgebildeter Hypnotiseur. Blicken Sie ihm vorm Toilettengang tief in die Augen und lauschen Sie seinen Worten, die da lauten: »Dieses Scheißhaus ist seeeehr sauber, es ist blitzeblank, es duftet nach Herbstrosen … dein Kopf wird schwer.« Sie erkennen diesen Mitarbeiter leicht. Er trägt Kajal und ein lila Satinhemd mit Puffärmeln.

4. Um die erste Klasse noch attraktiver zu machen, gibt es jetzt eine dritte Klasse. Keine Sitzplätze, dafür brennende Mülltonnen, übersteuerte Musik von ALBANO UND RO-MINA POWER und einen frettchenartigen Typ, der jeden mit »Haste mal 'n paar Piepen, Kollege?« anlabert. Dadurch wirkt die zweite Klasse wie die erste, und die erste wie der Krönungssaal von Versailles.

5. Falls Sie ohne Fahrkarte in den Zug steigen: Der Aufschlag zum Bordpreis beträgt im Fernverkehr immer noch 12,50 Euro. Also so viel wie eine Kinokarte. Deswegen wird das Bordpersonal ab sofort für die Dauer des Zahlvorgangs einen Kinofilm für Sie nacherzählen. Auf der Strecke Köln – Berlin ist das momentan:

> Amity Island, Amerika, alle schwimmen, kommt SO ein Brecher von Hai und frisst Leute. Chief Brody so: Müssen wa zumachen, den Strand. Bürgermeister: Geht nicht, ist Saison. Chief Brody: DOCH! Bürgermeister: Nee, ey. Dann versuchen die, das Vieh zu fangen. Geht derbe schief. Dann frisst der Hai 'ne Pressluftflasche, bumm, Sushi. Angenehme Weiterreise.

6. Individualisierung: Sie haben ab sofort die Möglichkeit, durch finanzielle Gebote für die Dauer Ihrer Reise den Namen Ihres ICE selbst zu bestimmen. Das höchste Gebot gewinnt. Der ICE »Murat ist Ehrenmann« nach Gummersbach fährt heute übrigens abweichend auf Gleis zwei. Dafür wird »Zyklopenpimmel« Hannover planmäßig erreichen. Trotzdem leider nicht warten konnten »Fliesentisch, 40 Euro VB, nur Selbstabholer« und »Habe dich auf der Kölner Domplatte gesehen, Du, Mitte 70, Minirock, Zöpfe, Gummistiefel, hast mich angelächelt, möchte dich wiedersehen, Ulf (Goldzahn und Flugzeugträger-Tattoo im Gesicht)«.

So. Spaß beiseite.

Liebe Reisende. Ernsthaft jetzt: Wir sind die DEUTSCHE BAHN. Was erwarten Sie denn? Die Bahn braucht keine Modernisierung. SIE müssen umdenken. Ein für alle Mal: Checken Sie E-Mails vor Reiseantritt, fahren Sie drei Züge früher als nötig, laden Sie vorab Ihre elektronischen Geräte auf, schmieren Sie sich ein paar Stullen, entleeren Sie Darm und Blase – und am besten drei Wochen vorher buchen, denn andernfalls ist Zugfahren VOLLKOMMEN UNERSCHWING-LICH. Haben Sie denn aus der Vergangenheit nichts gelernt? Sie können doch nicht der Reisende der Zukunft sein, wenn Sie sich immer noch wie ein rückständiger Trottel verhalten! Eine Reise mit der Bahn ist das letzte Abenteuer: Auf der Strecke bleiben, erfrieren, verdursten, Hitzschlag, sich in die Hose kacken – nichts ist unmöglich! Also seien Sie nicht so verdammt unflexibel. Wenn Sie es gern nett haben, machen Sie 'ne Nachtwanderung durch Kolumbien. Aber mit uns reisen heißt in die Zukunft reisen. Da geht es eben rau zu. Also, es bleibt dabei: Alles wie immer. Die Bahn kommt. Achten Sie trotzdem auf die Lautsprecherdurchsagen.

Danke.

Das Kultusministerium

Liebe Eltern, das neue Schuljahr – für viele kleine Eumel sogar das allererste Schuljahr – steht bevor. Gestatten Sie mir deswegen, an Ihren Schädeln vorbei direkt und barrierefrei in die Kinder- und Jugendzimmer der Republik zu sprechen.

Liebe Kinder: Ich darf im Namen des Kultusministeriums ganz herzlich grüßen. Beginnen wir nun mit dem Unterricht.

Das Kultusministerium, das sei hier mal die erste Lektion, ist quasi in jedem Bundesland vorhanden und die Oberste Verwaltungsbehörde für Schule und Bildung. Dort arbeiten seltsame Leute mit Prittstift und 'ner Kanne Kaffee aus, was Ihr Kinder zu lernen habt. Das ist aber von Bundesland zu Bundesland verschieden. Und oft ziemlich lebensfern. Deswegen ein Zitat. Eine uralte Zen-Weisheit sagt: *Wenn der Schüler bereit ist, erscheint der Lehrer.* Das stimmt so nicht. Erstens mal ist morgens um acht keiner bereit, und zweitens herrscht Lehrermangel.

Da kommen dann auch Leute aus anderen Berufen. Das sind die sogenannten Seiteneinsteiger. Da kann ein Bäcker dann auch mal Deutsch unterrichten. Immerhin muss nicht andersherum ein Deutschlehrer Brötchen backen, denn die wären dann zwar grammatikalisch einwandfrei ausgepreist, würden vielleicht aber schmecken wie vollgestrullte Sportsocken. Andersherum geht das aber, und die Antwort, warum das so ist, lautet: Frag nicht.

Dafür gibt's viele Gründe. Zum einen liegt das an den

Flüchtlingskindern, die zu uns gekommen sind und jetzt erst mal Deutsch lernen müssen. Und zwar vom Bäcker. Oder wer eben da ist.

Zum anderen kommen generell viele Kinder nach. Wir nennen das geburtenstarke Jahrgänge. Dagegen ist nichts zu machen, weil das Kultusministerium die Bürger nicht anweisen darf, das Bumsen einzustellen. Gut so.

Außerdem seid ihr eine elende Saubande, weswegen nicht wenige Lehrkräfte mit den Nerven fertig sind oder verschlissen wie ein Tischtuch vom Ballermann in Rente gehen. Oft fahren sie dann in die Provence, das ist die Gegend, wo die Gewürzmischung herkommt. Die pensionierten Lehrerinnen und Lehrer brauchen einfach zum Ende hin einen optisch ansprechenden Ort, denn die meisten Schulen sind bekanntlich runtergekommen wie ein hinterletzter Klingonen-Puff. Alles kaputt, Schimmel, Sanitäranlagen wie aus SAW 1 bis 4, Computerräume, in denen der fahle Geist von Windows XP spukt, Löcher in den Wänden, richtig lecker, das Ganze. Das könnte man alles sanieren. Geld ist da. Dafür werden oft Handwerker angeschrieben. Die haben aber so schon gut zu tun und müssen außerdem krasse Auflagen erfüllen und Unmengen von Dokumenten ausfüllen. Da kratzt sich so mancher Fachmann ratlos mit dem Zollstock an der Kimme. Und das Kultusministerium hat zwei linke Hände, und die sind uns auch noch gebunden. Also: Alles bleibt, wie es ist. Auch dieses Jahr gehören Siff, ausgefallene Stunden, Planlosigkeit und Chaos zum Tagesgeschäft. Und wenn gar nichts mehr geht: Licht aus und drei Stunden SCHINDLERS LISTE.

Ihr seht: Leicht wird es nicht. Deswegen ein paar Tipps von Vizeersatzpressesprecher zu Mensch:

Ihr schafft das schon. Eure Schule ist nun mal nicht Hogwarts – wenn ein Hut mit euch redet, habt ihr irgend 'ne Vergiftung.

Aber eure Lehrer, die, die noch da sind, geben sich Mühe. Seid nachsichtig mit ihnen. Die gehen auf dem Zahnfleisch. Macht weiter FRIDAYS FOR FUTURE. Und hofft auf einen Monday for Monteure. Hinterfragt alles. Macht euch nützlich. Teilt, was ihr zum Teilen habt. Lest in eurer Freizeit mal ein Buch. Euer Wortschatz wird es euch danken, ihr Opfer. Und dann lasst ihr irgendwann diesen Kackhaufen einer maroden Unterrichtsruine hinter euch und betretet das richtige Leben. Macht was draus. Lernt. Ich habe gehört, Handwerker soll ganz lukrativ sein. Aber vielleicht möchtet ihr auch Lehrer werden. Das wird sicher heftig. Aber ihr kennt immerhin schon mal den Weg zur Arbeit.

Verband der Internet-Anbieter

November 2017

Verehrte Kundinnen, verehrte Kunden,
User, Konsumenten,

ich sende Ihnen einen lieben PING von der deutschen Tele-kommunikationsindustrie. Wir wissen, dass es bei unseren Mobilfunkanbietern zu Wartezeiten in der Hotline kommen kann. Und die meisten unserer Mitglieder rangieren in Sachen Glaubwürdigkeit mehrere Prozentpunkte hinter ver-schwitzten Hütchenspielern. Aber immerhin: Zur Stunde wird für unsere Hotlines ein Algorithmus programmiert, der, wenn Sie Ihr Geburtsdatum per Tastatur eingeben, er-rechnet, ob Ihre Lebenserwartung für 'ne Warteschleife überhaupt ausreicht. Sie sind 70? Tschüss. Das hilft auch unseren Mitarbeitern. Niemand nimmt gern nach Wochen einen Anruf aus der Warteschleife entgegen und hört dann nur das Summen der Fliegen.

Und was die Beschwerden angeht, es würden bei Inter-netausfällen keine Techniker zum Kunden geschickt: Stimmt. Sie dürfen die Dinge einfach nicht so wörtlich neh-men. WIR SCHICKEN EINEN TECHNIKER RAUS ist mehr so eine geflügelte Redensart, im Prinzip wie ISS DEINEN SPINAT, SONST HOLT DICH DER BULLEMANN. Es gibt keine Techniker. Sie existieren ganz einfach nicht. Genauso gut könnten wir sagen: WIR SCHICKEN DIE MÄNNER DER NACHTWACHE oder DONNERSTAG KOMMT DER KLABAUTERMANN UND LUTSCHT DIR DAS LAN-KABEL RUND! Es wird nicht passieren.

Eine weitere Kritik an uns ist die angebliche Unübersichtlichkeit der Tarife. Natürlich gibt es Flatrates, die es Ihnen ermöglichen, unbegrenzt schnelles Datenvolumen zu nutzen – also, bis es alle ist. Am Achten des Monats. Dann wird gedrosselt, und zwar auf die Geschwindigkeit trocknender Wandfarbe. Die größte Kritik kommt allerdings vom Lande: Es gellt der Ruf, speziell in ländlichen Gebieten sei der Breitbandausbau katastrophal. Wir finden zwar, Sie sollten vorrangig die Ernte einbringen und nicht rumsurfen, aber bitte: Hier ist unsere Service-Offensive für Nutzer in der Pampa.

1. Wir stellen die Kommunikationswege um auf faserbasierende Endgeräte im Low-End-Bereich. Also Dosentelefon. Wenn Sie gut hören, reichen zwei Raviolidosen für Sender und Empfänger; wenn Sie es an den Ohren haben, nehmen Sie eben Eimer.

2. Im Harz testen wir ab März 2018 sogenannte Versand-Schakale. Diesen ruppigen, aber klugen Tieren können Sie dann in die umgehängte Versandtasche eine selbst verfasste E-Mail legen. Zur Anforderung eines Schakals müssen Sie einfach Ihr Haus großflächig mit Hühnerblut einreiben und warten. Wir empfehlen, nur wichtige Mails zu schicken. Für WAT MACHSE DIGGER und ROFL ist das Ganze zu gefährlich. Da wir überdies nicht wissen, wer konkret Ihre E-Mail bekommt, halten Sie den Inhalt eher höflich und allgemein.

3. Jeder Dorfälteste einer unterversorgten Gemeinde wird offizieller Facebook-Beauftragter. Er nimmt Notizen, Likes und VHS-Kassetten mit Katzen auf Staubsaugerrobotern entgegen und legt sie für eine Kalenderwoche zur Ansicht aus. Interessierte Alu-Hut-Träger dürfen jeden dritten Donnerstag im Monat Ihre Gedanken auf dem örtlichen Ascheplatz in eine mitgebrachte Mülltüte brüllen.

Übrigens, was viele nicht wissen: Ab sofort steht ein gedruckter Gesamtkatalog von AMAZON zur Verfügung. Die Anlieferung kostet 2890 Euro und erfolgt per Tieflader.

Sie sehen, liebe Konsumenten, Ihre Anliegen sind uns ernst und heilig – Sie, der Kunde, sind unser Gral, der Inhalt unseres Seins, unser Manna, die Orchidee im Garten unseres Strebens. Oder anders gesagt: Wir schicken einen Techniker raus.

Guten Abend.

Die Autoindustrie

März 2018

Ich darf Ihnen vom Verband der Automobilindustrie e. V. ein herzliches »ZIEH RÜBER, DU AFFE!« ausrichten. Liebe Freunde der Bleisocke, verzagt nicht, denn wir rufen euch auch zu: Der DIESEL DARF NICHT NUR NICHT STERBEN, ER WIRD AUCH NICHT!

Es ist ja erst mal nur festgestellt worden, dass ein Verbot für Dieselfahrzeuge in Innenstädten zulässig *wäre*. Also keine Panik, liebe Diesel-Desperados. Zulässig wäre ja auch ein Verbot von Schwipp-Schwapp, Bügelbrettbezügen oder Garten-Clogs – und da ist ja nix passiert. Aber Obacht:

Düsseldorf und Stuttgart haben bereits Dieselverbote angekündigt! Wir gehen allerdings davon aus, dass das Verbot in Stuttgart so zügig umgesetzt wird wie der Bahnhof, also ruhig bleiben. Und Düsseldorf sollte erst mal dafür sorgen, dass jede ondulierte Else im Pelzmantel aus der Stadt gejagt wird, bevor sie irgendwas anderes verbieten. Es wird zum Dieselverbot ohnehin eine Fülle an Ausnahmen geben: für Feuerwehr, Polizei und Krankenwagen auf jeden Fall. Hoffen wir's. Wenn nicht, wäre es zukünftig gut, wenn Sie im Falle einer Katastrophe Ihr brennendes Haus nach außerhalb schaffen könnten. Mit Glück wird es auch eine Ausnahmegenehmigung für Handwerker und alle Formen von Bringdiensten geben. Falls nicht, hier ein Profitipp: Polizei anrufen und wie folgt vorgehen:

»Polizeilicher Notruf.«

»Ich möchte eine Straftat gestehen.«

»Was denn?«

»Äh. Raub. Ich befinde mich mit der Beute in der Pestalozzistraße 52b und kann mit der Schuld nicht leben.«

»Bleiben Sie, wo Sie sind!«

»Okay. Eine Frage noch …«

»Was?«

»Können Sie mir eine Thunfischpizza mitbringen?«

Mögliche Antworten: »Ja«, »Nein« oder »Geht nicht. Wir kommen mit der S-Bahn.«

Dann besser auflegen.

Aber Scherz beiseite. Das Öl, der Grundstoff von Diesel, ist schon viel länger auf diesem Planeten als der Mensch. Viele Millionen Jahre. Und nie gab es Klagen. Klar, von wem auch? Lurche gehen viel zu Fuß. Trotzdem: Der Diesel ist hier nicht der Böse! Ich frage Sie: Was ist schlimmer? Ein dieselbetriebener Handwerker-Transporter, der eilig zum Kunden muss – oder ein Benziner, dessen Fahrer zu 130 Dezibel Deppen-Hiphop 400 Mal am Tag an ein und derselben Eisdiele vorbeischleicht? Ernsthaft? Wer macht mehr Schaden. Der Kamikaze-Pizzabote in seiner dieselbefeuerten FIAT-Punto-Micky-Maus-Schaukel oder der 82-jährige Vollnarkose-Oppa, der auf Superbenzin so lahmarschig durch die Innenstadt zeitlupt, dass sein Auto umkippen würde, wenn's keine vier Räder hätte? Ja, eben! Sicher, man könnte radikale Maßnahmen anordnen: Um die Emissionen einzugrenzen, fahren Sie ab sofort durchgängig 140, auch in 30er-Zonen, um den Belastungsort so zügig wie möglich zu verlassen. Quark!

Wissen Sie: Bevor wir den DIESEL verbieten, sollten wir erst mal Idioten verbieten! Beispiel: Warum ist es eigentlich nicht erlaubt, Unfall-Gaffer mit dem Rettungsfahrzeug zu überfahren? Dann wäre der Krankenwagen wenigstens sofort da, wo man ihn braucht. Das wäre mal was. Stattdessen: Ammenmärchen. Der Diesel macht krank, vom Onanieren wachsen Haare auf den Handflächen, und überall murmeln die Leute dunkle Prophezeiungen: »Und siehe, die Bestie 666 wird auf die Erde kommen, und Diesel wird ihn antreiben, und seine fahle Kutsche wird ein VW GOLF sein, und auf seiner Heckscheibe wird UNHEILIG stehen.« Gut, das klingt übel. Wissen Sie, es wird ohnehin alle paar Monate eine neue Sau durchs Dorf getrieben. Aber erst mal alles verbieten.

Böses Stickoxid! Kokolores. Wenn die dieselbetriebene Müllabfuhr nicht mehr kommt, werden Sie Ihre 80 Pfund vollgekackte Windeln und Küchenabfälle an eine Sammelstelle am Stadtrand fahren dürfen, und spätestens am dritten Tag werden Sie sich wünschen, man könnte Stickoxid bei DOUGLAS kaufen.

Und wer soll denn bitte die ganzen Fahrzeuge umrüsten? Die Autoindustrie? Der Mittelfinger hat Ihnen schon beim VW-Skandal zugewunken.

Wir empfehlen, was die Franzosen schon lange machen: komplett autofreie Tage. Der Spacko-Ferrari ist dann genauso betroffen wie die Religionslehrer-Ente, die beim Schalten klingt, als würde einer Parkett abschleifen. Pakete gibt's dann am nächsten Tag, du machst Homeoffice, oder Pasta oder Poppen oder NETFLIX, und ZACK: Mittwochs keine Emission, der 82-jährige Oppa kommt mal schneller vom Fleck, und alles wird besser. Natürlich werden jetzt wieder einige sagen, wie soll ich denn mittwochs nach Frankreich kommen ohne Auto? Aber Gehirne umrüsten ist eine völlig andere Baustelle.

Olaf Scholz

Guten Abend, liebe Mitbürgerinnen und Mitbürger,

Olaf Scholz winkt mal stellvertretend durch mich fleischig in die Runde! Unser Finanzminister lässt aber auch in stählerner Klarheit ausrichten: Alarm, Alarm, die Schatzkammern sind leer! Also leer im Sinne von voll, aber nicht so voll wie gedacht. Der Gürtel muss enger geschnallt werden, und wenn Sie statt Gürtel Hosenträger bevorzugen, reißen ebendiese Ihnen mit 8 Zentnern Zugkraft das Beinkleid in die Kimme. Das tut weh, man geht wie ein Storch, Sie haben das Bild vor Augen!

Der Finanzminister räumt ein: Im Haushalt bleiben immer noch ein paar hundert Milliarden – davon könnte man Ostdeutschland in das Königreich von Narnia verwandeln, aber bitte bedenken Sie: Von dem Geld muss die ganze Republik am Kacken gehalten werden. Die Verteidigungsministerin zum Beispiel möchte einen Batzen, damit die Bundeswehr nicht mit Easyjet nach Mali muss. Woher nehmen? Und warum heißt die von der Leyen – man kann sich nix ›von der leihen‹, die braucht selber Geld.

Und wieso sagt man Steuereinnahmen – wenn man die Einnahmen so schlecht steuern kann? Ein Mysterium. Fragen über Fragen. Und wo wir grad dabei sind, grübelt Herr Scholz in seiner kargen Kemenate, wie er nun das vollmundige Versprechen der bedingungslosen Grundrente verwirklichen kann. Er könnte es aus den Sozialkassen nehmen – aber das ist wie hinten Hose hochziehen und vorne kuckt der Pillemann raus:

Man schaufelt von einer Tasche in die andere. Also: Lösungen müssen her! Nicht immer nur nörgeln! Wir müssen die Zukunft gemeinsam stemmen. Sicher: Viele Deutsche werden auch zukünftig wieder gehässig rufen »Der Berliner Flughafen ist immer noch nicht fertig!«. Nur weil Notre Dame so schnell wiedereröffnet wurde.

Aber es kostet eben alles Geld. Wir brauchen mehr Steuereinnahmen. Die großen Konzerne haben wir schon gefragt: Starbucks, Apple, Amazon … die wollen nicht. Schade. Kommen wir nicht dran. Das ist kompliziertes Steuerrecht, da hat einer aus dem Lager ’n Schwager in Liechtenstein, oder in Irland steht ’n Zwei-Mann-Zelt, und an sich macht man auch keine Gewinne, sondern nur Gewinne, die sich wie Verluste anfühlen, man hat halt so postoperative Depressionen, und dann zahlt man nur ’n paar Euro Steuern. Is so.

Also müssen Sie, der kollektive deutsche Schwarmintelligenz-Euter, an die Melkmaschine von Herrn Scholz. Folgende Steuerquellen werden kommen:

Erstens: Belästigungssteuer. Leute, die über WhatsApp Sprachnachrichten schicken, zahlen pro Vollblubberminute vier Euro ans örtliche Finanzamt. Sechs Euro werden fällig für Aussprüche wie: »Ab Staffel drei wird die Serie richtig gut«, weil das keiner wissen will – und zehn Euro für »Du kannst alles schaffen, du musst nur an dich glauben«, weil das einfach nicht stimmt. Ach ja: Menschen, die im Großraumabteil der Bahn Eiersalat aus der Tupperdose fressen, zahlen 1000 Euro und werden subtil geohrfeigt. Dann dürfen die zu Fuß nach Hause gehen. Falls das mehrere 100 Kilometer sind, bedenken Sie bitte: »Du kannst alles schaffen, du musst nur an dich glauben.«

Zweitens: Sie können ab sofort das Finanzministerium explizit in Ihrem Testament bedenken. Bedenken Sie aber bitte auch, dass wir das Geld verhältnismäßig zügig benötigen, also würde es enorm helfen, wenn Sie rauchen, Ihr Essen frittieren und Ihren Mittagsspaziergang auf den Abend verlegen. Und auf die Überholspur der A3.

Drittens: Chirurgische Penisvergrößerungen werden besteuert. Denn mit einem größeren Glied erhöht sich das Körpergewicht, Bürgersteige werden stärker beansprucht, es bilden sich penisinduzierte Gehmulden in befestigten Wegen, alte Leute fallen drüber, und der Staat muss das reparieren. Also: Puller breit, Steuerbescheid.

Der Finanzminister zählt auf Sie. Danke.

Sahra Wagenknecht

Guten Abend zusammen, liebe Mitbürger,

einen schönen Abend darf ich ausrichten von Sahra Wagen-knecht. Sie hätte gern zu Ihnen gesprochen, wollte aber nicht, da sie auf Talkshow-Tournee ist und dauernd in TV-Studios oder im Auto sitzt. Stressig. Gottlob hat sie einen Fahrer. Also einen Chauffeur. Man könnte auch sagen: einen Wagenknecht. HA! Verzeihung. Spaß muss sein.

Noch mal von vorn. Sie haben es ja bereits der Presse entnommen: Anfang September geht Hashtag Aufstehen! an den Start. Und Sie, die mündigen Bürger, haben man-nigfache Fragen zu Hashtag Aufstehen!, dieser großartigen Aktion ... oder sagen wir ... Bewegungs ... Start-up ... Sam-mel ... Flashmob ... Angelegenheit. Fragen jedenfalls, die ich Ihnen hiermit beantworten möchte.

Vorneweg ein Hinweis: Die Website www.aufstehen.de ist nicht der geeignete Ort, um sich 'ne gute Wecker-App runterzuladen.

Es ist eine Bewegung, die etwas verändern möchte. Dafür sollten Sie sich aber erst einmal aus dem Bett erheben. Es ist nämlich schon Viertel nach Knoppers. Und dann müssen Sie verstehen, worum es genau geht. Denn momentan ist die Website wenig mehr als ein anklagender Adventskalender. Videoclips systemkritischer Menschen, aber mit Klavier-musik und Zeitlupen.

Die Leute in den Videos vertreten immerhin sehr vernünftige, wenn auch sehr, sagen wir mal, bewährte, ja fast schon altmodische Meinungen.

Über Armut, die Rente, Zeitarbeit, Tierschutz, Pressefreiheit et cetera pp. Originelle Probleme sind es jetzt nicht. Aber ist ja auch nicht besser geworden. Das geht seit Jahrzehnten so.

Ach ja, für die älteren Interessenten: Man spricht es übrigens »Häschteck«. Nicht Hasch-Tag. Es geht also nicht darum, den, sagen wir mal, Mittwoch als den Tag festzulegen, an dem man sich *around the clock* die Rübe zulöten darf. Vielmehr ist ein Hashtag ein Internetkürzel, das jeder noch so kruden Nummer den Hauch moderner digitaler Glaubwürdigkeit verleiht. Ein Beispiel: #Makramee-Eulen. Sehen Sie?

Auch wichtig: Hashtag Aufstehen! ist eine Idee linker Prägung. Links zu sein bedeutet ja im Prinzip, der am wenigsten destruktiven politischen Strömung anzugehören. Vielleicht parken Sie Ihre S-Klasse trotzdem nicht über Nacht im Hamburger Schanzenviertel. Hashtag Carglass. Kleiner Spaß. Aufstehen ist echt total links. Also ziemlich links. Jetzt nicht so Zopfpullunder und Chia-Samen-links, mehr so ... äh ... (vage Handbewegung)

Also: Seien Sie dabei! Verändern wir die Welt! Kuscheln wir mit Russland! Zeigen wir der Linkspartei den Mittelfinger! Sein wir wild und spontan! Also nicht jetzt. Übernächste Woche.

Trotzdem: Tun wir irgendwas! Organisieren wir uns oder so. Klar, man könnte jetzt auch sagen, wenn du dich jetzt nicht der Bewegung anschließen willst: Wähle niemanden wieder, der nichts für dich getan hat. Wenn dich Managergehälter stören, kauf nichts bei denen. Iss so wenig Fleisch wie möglich. Versuche irgendwie, was für die Rente zu sparen. Halte dich fit. Gib nicht auf. Es ist nicht immer alles deine Schuld. Und du bist nicht DER KLEINE MANN. #Genderwahn.

Aber was kann es schaden, sich jetzt schon zu registrieren? Mal eben?

Auf www.aufstehen.de gehen und JETZT MITMACHEN klicken. Okay, niemand weiß bis jetzt konkret, wobei genau mitmachen, aber klicken Sie trotzdem drauf. Geht schnell. Dann müssen Sie nur noch Name, Ort, Postleitzahl, Beruf, Interessen, Gewerkschaftszugehörigkeit, Handynummer und Partei eingeben, und schon machen Sie bald irgendwo mit. Die Felder Einkommen, Körperfettanteil und Geschlechtspartner können Sie frei lassen.

Und dann haben Sie es geschafft. Sie haben schon mal was getan. Dann sind Sie einer von hoffentlich vielen! Wie immer eigentlich. Das gibt Ihnen ein gutes Gefühl. Sicher, momentan sind wir ehrlich gesagt nichts weiter als ein Crowd-Funding-Unternehmen, das Menschen einsammelt. Aber wenn wir genug Leute sind und genug kultivierte Wut entwickeln, oder Ideen, oder, boah, keine Ahnung, einer bringt Waffeln mit, der andere 'ne Kanne Kaffee, so irgendwie … dann können wir zusammen mit Sahra Wagenknecht eine Bewegung erschaffen – eine Art wuchtiges, soziales Zalando gegen alles. Außer Tiernahrung.

Facebook

Beste Grüße aus dem Hauptquartier von Facebook! Wir mussten leider mit einem Kackhaufen-Emoji zur Kenntnis nehmen, dass wir für Sachverhalte in der Kritik stehen, die wir gar nicht verbrochen haben: Nämlich, dass ein Zitat von Renate Künast bei Facebook nicht authentisch sei. Wir erklären hiermit: Selbstverständlich ist das ein authentisches Zitat. Nur eben keins von Frau Künast, sondern von irgendeiner vermutlich bis unter die Augenlider mit Runen zutätowierten Bockwurst aus Bräsighausen. Also bitte wieder runterkommen.

Was ist denn Facebook? Letztlich nur eine Mischung aus Panini-Sammelalbum und den Zetteln, die im Edeka am Schwarzen Brett hängen. Facebook sollte, wenn's nach Mark Zuckerberg gegangen wäre, 'ne ganz übersichtliche Kiste werden, also hat er einfach mal testweise den Bumms eröffnet, und hoppla: SOFORT danach wurde Facebook derartig mit Spaghetti-Bolognese-Fotos und Urlaubsbildern von den eigenen Füßen zugeschissen, dass zumindest wir in der Zentrale auf der Stelle den Überblick verloren haben. Wer soll denn da noch durchkommen? Facebook ist nun mal einer der wenigen Orte, wo man was teilen kann, ohne dass es weniger wird. Wenn das mit Brot funktionieren würde, wäre diese Welt schon 'n Schritt weiter.

Wir können nicht alles auf seinen Wahrheitsgehalt überprüfen. Wir fahren nicht mal zum Firmensitz nach Irland, denn da wohnen Kobolde. Der Deal ist doch einfach: Wenn Sie sich bei Facebook registrieren, machen Sie unten ein Häkchen an der Schenkungsurkunde für Ihre persönlichen Daten. Und wir stellen Ihnen einen Laufmeter blaue Fläche zur Verfügung, bis zur Dunstkiepe zugeknüppelt mit Reklame, und irgendwo da ist Platz für Ihre Fotos von »Ich auffe Kirmes« und »Bananen-Gulasch: YUMMIE!«.

Was sollen wir denn machen? Kucken, ob in diesem Video die Katze auf dem Staubsauger-Roboter nicht vielleicht doch 'n Waschbär ist, oder was? Alles auf Echtheit checken? Was ist denn schlimmer? Ein gelogenes Künast-Zitat oder ein Rezept für veganen Zupfkuchen ohne Eier? Das Künast-Zitat zu entlarven hat 3 Minuten gebraucht, den Kuchen musst du erst mal 'ne Stunde backen, um rauszufinden, dass er scheiße schmeckt.

Wissen Sie: Der Mensch redet viel Müll. Und der Mensch will Aufmerksamkeit. Gelegentlich gibt es da eine Schnittmenge.

Und was sollen denn Fake News überhaupt sein? Unwahre Behauptungen, oder? Die begegnen einem doch jeden Tag, diese Fake News, und kein Mensch jault auf. Beispiele? Hier:

- »Ich hab das gestern überwiesen.«
- »Voraussichtlich werden alle Anschlusszüge erreicht.«
- »Du kannst das tragen, Schatz. «
- »Der tut nix, der will nur spielen.«

Klar, so was wird nicht publiziert, sondern nur dahergesagt, aber: Vermutlich war dieses Künast-Fake-Posting gar nicht gegen die Politikerin gerichtet. Da hat sich irgendein Schwachmat gesagt:, »Alter, schreibt sich KNAST mit Ü?«

Und zack, war's passiert. Wir haben auch schon einen Verdacht, wer der Täter ist. Und mit aller uns zur Verfügung stehenden Härte haben wir ihn angestupst. Das muss erst mal reichen.

Danke für Ihre Aufmerksamkeit.

Die Superreichen

Guten Abend, die Damen und Herren.

Der Verband der Superreichen lässt grüßen! Sie haben es vermutlich auch in Ihrer 58-Quadratmeter-Butze mit optimistischem Wand-Tattoo im Wohn-Schlaf-Bereich mitgekriegt: Die Schere zwischen Arm und Reich geht immer weiter auseinander. Obwohl: Das ist schon gar keine Schere mehr, das ist eher 'n ausgeklapptes Taschenmesser. Ihre Seite hinten ham wa im Griff, und vorne ist Spitze. Ha! Spaß muss sein. Ernsthaft jetzt: Die Superreichen können ja der Gerechtigkeit halber jetzt nicht schlechtere Geschäfte machen, damit Sie sich besser fühlen. Und jetzt kommt die SPD daher und schlägt 'ne Extra Vermögenssteuer vor, oder wie? Witzbolde! Unser Vermögen, das ist Geld, das haben wir verdient beziehungsweise nicht direkt verdient, aber wir haben's.

Sie sollten jetzt wirklich mal anfangen, so ein Grundverständnis gegenüber unfassbar reichen Leuten aufzubauen. Meinen Sie, das wäre immer eitel Sonnenschein?

Stichwort Erben: Wenn bei Ihnen einer was hinterlässt, dann liegen Sie doch meistens unterm Freibetrag für die Erbschaftssteuer! Seien Sie dankbar! Was denken Sie, was los wäre, wenn plötzlich bei der Testamentseröffnung rauskommt: Onkel Günther erbt das Geschirr, das Mountainbike und, ach ja, 8000 Kakao-Plantagen! Der kriegt die Motten, watt für Kakao, wird der schreien. Ich sage Ihnen, wenn der das Erbe nicht panisch ausschlägt, fress ich 'n Fabergé-Ei!

Man muss mit Reichtum auch klarkommen können! Was nützt dir ein handgemachter Steinway-Flügel, wenn du den nicht spielen kannst? Willste dann durch die Saiten hartgekochte Eier kloppen? Ja, eben.

Freut euch doch über euer übersichtliches Leben: Türschilder aus Salzteig, ist doch schön, die würden wir an unsern Häusern gar nicht wiederfinden. Die Superreichen sind ganz normale Leute. Wenn die 'n schlechtes Jahr hatten, kommt im Winter mal eine Stradivari weniger in den Kamin. Unser Lebensstandard ist doch im Kern derselbe.

Fakt ist doch: Es ist egal, ob du Hartz IV kriegst oder mehrere Milliarden besitzt: Davon wird 'n Schnitzel auch nicht billiger! Wir haben alle die gleichen Probleme! Glauben Sie mir.

Wissen Sie, hier mal eine wahre Geschichte: Ich kenne einen Mann, sehr erfolgreich, schon mit acht Milliarden Euro Erbe zur Welt gekommen, die Familie seit Generationen dick im Stahl- und Immobilien-Business, weltweit, der hat alles, der hat keinen Stress, kann sich alles kaufen – und soll ich Ihnen was sagen? Findet der super.

Das war jetzt kein gutes Beispiel. Vergessen Sie es. Anders: Seien Sie einfach zufrieden mit dem, was Sie haben.

Oder hier, zum Schluss, schönes Zitat fürs nächste Wand-Tattoo: Mahatma Gandhi: Reich wird man erst durch Dinge, die man nicht begehrt.

Viel Spaß dabei.

Christian Lindner

Liebe Bürger und Bürgeusen,
der Bundesvorsitzende der FDP, Christian Lindner, lässt
Ihnen ein gepflegtes GIB MIR FÜNF rüberwachsen. Gleichzeitig freut er sich eine Beule in die Bundfaltenhose, dass Sie
so gut auf die PLAKATKAMPAGNE der FDP angesprochen
haben.

Das waren tolle Motive: Lindner auf dem Weg irgend-
wohin, Lindner zieht sich 'ne Jacke an, Lindner unterzeich-
net was, Lindner führt Studenten seine neuen Turnschuhe
vor – da jagte ein optischer Klopper den nächsten. Zusammengefasst: Er kann gehen, sich anziehen und einen Kugelschreiber bedienen. Das sind starke nonverbale Botschaften, die ihren Weg gefunden haben, direkt am Hirn vorbei
ins Herz. Ästhetisch, aber nicht künstlich. Es handelt sich
nämlich gar nicht, wie oft behauptet wurde, um Schwarz-
Weiß-Fotos. Das sind Farbaufnahmen aus Duisburg.

Besonders beachtet wurde das Foto mit Christian Lindner,
wie er im weißen T-Shirt auf dem Sofa sitzt und aufs Smartphone starrt. In den sozialen Medien wurde Unmut laut: Darf
ein Politiker sich so leger präsentieren? Immerhin trug Uwe
Barschel selbst in der Badewanne Krawatte. Hierzu möchte
Herr Lindner festhalten: Er trägt kein T-Shirt, sondern einen
im Schritt knöpfbaren Body, und das in seiner Hand ist kein
iPhone, sondern eine Tafel MILKA Traube-Nuss. Und selbst
wenn nicht: Die öffentliche Wahrnehmung zählt.

Herr Lindner weiß: Auf das, was da auf den Plakaten steht, *Quietschgelb auf Einhornvaginapinkem Grund*, kann sich jeder einigen, zum Beispiel: VERERBEN WIR KEINE SCHULDEN, SONDERN CHANCEN. Oder: NUR WEIL KINDER GERN IM DRECK SPIELEN, MÜSSEN SCHULEN NICHT SO AUSSEHEN, und vor allem ES GEHT UM UNSER LAND. Logo, das ist leicht muffige Konsensmilch, nur zwei Fingerbreit entfernt von Weisheiten wie AUCH ARME HABEN BEINE!

Trotzdem: Christian Lindner wird alles ändern. Er gehört zu einer ganz neuen Generation. Zum Beispiel erzählt er gern, dass er gerade auf dem Smartphone per App die 500 Fragen büffelt, die man korrekt beantworten muss, um seinen Jagdschein zu kriegen. Das ist wahrer Fleiß. 500 Fragen pauken, obwohl eine reicht, nämlich: IST TIERE TÖTEN JETZT EIN ANGEMESSENES HOBBY?

Natürlich. Denn Sie dürfen eines nicht vergessen: Bei aller hemdsärmeligen Selbst-Ikonisierung, bei all den markigen Sprüchen von Weltbester Bildung und GERMAN MUT reden wir hier immer noch von der guten alten FDP. Sie wissen schon, die Partei, die gegen dreckige Schulen ist, weswegen man gerne erwidern möchte: Dann fang mal mit der Raucherecke an. Denn die FDP wird massiv von der Tabakindustrie gesponsert. Schwamm drüber. Sie ist eben einfach die FDP, sozusagen die SCHLECKER-Filiale unter den Kleinparteien. Aber jetzt halt mit starken Bildern und Botschaften. Gut, könnte man sagen, wenn man jetzt Hirsche mit Schrotflinten ausrüstet und dann den Herrn Lindner zum Jagen in den Wald schickt, das wäre dann echt mal GERMAN MUT. Aber das wäre eine zynische Botschaft. Deswegen möchte ich mich von Ihnen mit einem Slogan verabschieden, der wirklich Mut macht, es aber leider nicht auf die Plakate geschafft hat:

FINGER IM PO, MEXIKO.

DANKE SCHÖN. AUF WIEDERSEHEN.

VW

Liebe Konsumentinnen und Menten,

der Vorstand der VW AG räumt jetzt wirklich mal mit aller selbstkritischen Härte ein: Jou, es ruckelt im Verein. Sprechen wir darüber. In den letzten Jahrzehnten hat sich da ein bisschen was angesammelt. Dazu müssen Sie aber wissen: VW ist sowohl personell als auch vom Umsatz her Europas krassester KFZ-Gigant. Trotzdem führen wir die Geschäfte mit flachen Hierarchien. Also, konkret nach dem Business-Modell des Pommeswagens im Freibad Marl-Polsum.

Da rutschen einem schon mal Kleinigkeiten durch, und die Sache mit dem Diesel-Abgas war so eine. Ich sage bewusst, das Abgas. Singular. Denn so klingt es, als ginge es lediglich um einen FruchtZwerge-Becher voller Stickoxid. Und nicht um all das giftige Zeug, das hinten aus 11 Millionen Autos kommt. Egal: Wir rufen alle Modelle mit Schadstoff-Tourette zurück. Und zwar so, wie man einen hässlichen Dackel ruft: »BEI FUSS« brüllen und hoffen, dass er nicht kommt.

Jedenfalls: Dass die Amis uns verklagen, war ja klar. Die ziehen auch vor Gericht, weil sich auf ihrem Gartengrill kein Warn-Aufkleber mit HIER NICHT DEN PENIS DRAUFLEGEN befindet. Außerdem war der Abgas-Skandal nur eine klitzekleine Störung im Betriebsablauf. Und das auch nur, weil wir erwischt wurden.

Und jetzt kommen auch noch die Zulieferer an: »Haltet euch an Verträge, Geld, Geld«, und so weiter. Jaja! Wer braucht denn hier wen, Freunde? Stoffe für den Autositz? Pillepalle. Juckt uns gar nicht. Die meisten im Vorstand dachten, Schonbezüge wäre ein anderes Wort für Krankengeld. Aber wenn ihr herausfinden wollt, wie wichtig ihr seid, liebe Zulieferer, könnt ihr ja mal mit so einem Sitzbezug zu Fuß über die A3 rennen und BRUMM, BRUMM rufen. Na bitte. Wir bauen die Autos, ihr häkelt. Fertig.

Und lassen Sie uns jetzt nicht schon wieder die Diskussionen über Managergehälter anfangen. Natürlich kriegen die VW-Chefs ein Schweinegeld. Die haben aber auch höhere Lebenshaltungskosten. Was denken Sie denn, was die für Autos fahren? Den Golf? Herrschaften, der Golf ist nur für Menschen, denen NISSAN zu ausgeflippt ist.

Also, blicken wir einfach mal nach vorne: Bald kommen reine Elektroautos von VW. Also, so in 150 Jahren. Ungefähr. Die werden aber alle anstandslos funktionieren. Versprochen. Wir spannen einfach Netze mit Strom über die Städte, hinten am Auto ist 'ne Stange mit Pluspol, und dann muss der Fahrer nur noch vorne links so 'n Chip einwerfen und kann 3 Minuten fahren. Bewährte Technik. Und die Idee für unseren neuen Slogan haben wir auch von der Kirmes. Es heißt jetzt nämlich nicht mehr »DAS AUTO«. Sondern, passend zum Aktienkurs: DIE NÄCHSTE FAHRT GEHT WIEDER RÜCKWÄRTS.

Auf Wiedersehen.

Der Bund der Nichtwähler

September 2017

Liebe Wähler, verehrte Kreuzchen-Ritter,
geschätztes Stimmvieh,

ich darf Ihnen Grüße ... obwohl ... Grüße wäre jetzt ein
bisschen viel reininterpretiert ... mehr so ... ein beiläu-
figes Nicken vom Verband der Nichtwähler überbringen.
Obwohl: »Nicken« ist im Prinzip nicht passiv genug. Sagen
wir mal: Kucken. Genau. Und dieser Verband, obwohl das
mehr so ein zerfaserter Klumpen ist, weil man sich jetzt
nicht direkt organisiert hat, also dieser Batzen von 18
Millionen Leuten hat heute eine Verlautbarung bekannt-
zugeben. Hier ist sie:

Haben Sie Verständnis für Nichtwähler! Zur Wahl gehen
ist immerhin sau-anstrengend: Aufstehen, Haare kämmen,
loslatschen, Herbstlaub, dem Nachbarn winken, zur Schule
brettern, keinen Parkplatz finden, dann doch parken, feststellen, dass der Perso im Handschuhfach liegt, also rüber-
lehnen, Perso finden, sich an der Handbremse den halben
Penis abreißen, die Schule betreten und nach dem Betreten
betreten feststellen: Im Kanzlersortiment sind der zottelige
Rabauke aus Würselen und der tiefgefrorene Hosenanzug.
Ist das alles? Wir haben ja noch nicht mal 'n knorken Dikta-
tor im Programm! Nix! Weder 'ne Irre mit Schuhfimmel noch
einen, der im Schlüpfer auf 'nem Braunbären reitet!

Es gibt am Wahltag zu viele Stolpersteine. Zum Beispiel:

Netflix, im Getränkemarkt waren Französische Wochen, Schweißfüße, wieso steht Helmut Schmidt nicht auf dem Zettel oder wenigstens BATMAN, in Hoyerswerda bekommt man vor 18 Uhr keine Kutsche, Wahlen sind ganz aggressive Tiere – das sieht man ja an MOBY DICK.

Und wenn man früher im Sandkasten mitgestalten wollte, gab's immer die Schüppe ins Fressbrett.

Übrigens: Irgendein Statistikstoffel hat gemeint, dass der typische Nichtwähler auf der untersten sozialen Stufe zu finden sei. Bildungsferne Schicht und so. Das ist Unsinn. Unter den Nichtwählern finden sich Personen aller Schichten.

Nehmen wir den Göttinger Professor für Philosophie, der am Wahltag schon 'ne Kinokarte für *Hanni und Nanni* hat. Oder die ostdeutsche Hausfrau, die mal nachgerechnet hat. 42 Parteien. Zwei Kreuzchen. Und wenn schon 6 aus 49 nix bringt, was soll das dann werden?

Oder nehmen wir die große Zahl jener, die gern zum Wählen in ihre alte Schule gehen würden, aber sie haben seinerzeit den DIERCKE WELTATLAS nicht zurückgegeben.

Nehmen wir jene, die sagen: Ich darf nur zwei Kreuzchen, habe aber neun Stimmen im Kopf.

Nehmen wir einfach die Menschen, die sagen: Alter, ich würde ja gerne, aber sonntags ziehe ich keine Hose an.

Oder nehmen wir den überwältigenden Teil, der sagt: Am Wahltag um 11:50 läuft bei ZDFneo die Doku EXPEDITION SUPERSAURIER. Und fest steht, dass diese Sendung mehr Relevanz hat als irgendeine Wahl. Denn die CDU wird Ihnen auch nichts mehr nützen, wenn ein siebzig Meter hoher T-REX mit Laserkanonenaugen durch Bautzen stapft.

Und falls Sie jetzt den Nichtwählern zurufen wollen: »Wenn ihr nicht wählt, schadet ihr der Demokratie!« – ja, klar. Und wenn wir wählen gehen, schaden wir unseren Schuhen.

Um Nichtwähler wirklich zu mobilisieren, braucht es mehr:

Wir fordern: Keine Give-aways mehr wie Plastikkugelschreiber oder Fähnchen. Warum nicht mal 'n Audi oder 'ne Einbauküche?

Wir fordern: Wahlen mit 14-tägigem Widerrufsrecht! Ich leg mich doch bei fremden Leuten nicht für vier Jahre fest!

Und von Gisela Kapalke aus Wuppertal kommt ganz konkret die Forderung: Der Lindner soll auf 'n Kaffee vorbeikommen, die geile Sau! Verstehste? Kaffee …

Wenn das erledigt ist, sehen wir weiter.

Alexander Dobrindt

September 2017

Guten Abend, liebe Bürgerinnen und Bürger,

ich darf für unseren Minister für Verkehr und digitale Infrastruktur, Herrn Alexander Dobrindt, mal eben schwammig in die Runde winken: Fühlen Sie sich gegrüßt. Es sei denn, Sie sind links, schwul, grün oder sauer auf die Autoindustrie. Mag er nicht. Muss man akzeptieren.

Ist jetzt auch egal. Er ist ein Mann mit Ecken und Kanten. Ein sympathischer Underdog in Nick-Knatterton-Anzügen, der sich aber auch privat, im Schützenverein, ins grüne Gesinnungspolyester zwängt. Einer von uns eben. Also eigentlich einer von sich.

Aber ernsthaft: Was wissen Sie da draußen schon von Herrn Dobrindt? Oder seinen Aufgaben? Minister für Verkehr und digitale Infrastruktur – wenn's glattlaufen würde, würden Sie dieses Amt gar nicht kennen. Nur wenn's schiefläuft, zeigen alle mit dem Finger. Beispiel: Kennen Sie Herrn Haubold Meyer-Löres? Eben. Und der ist Minister für Kuckucksuhren und Fidget Spinner. Nie gehört, ne? Sehen Sie?

Sie wissen doch gar nicht, wie das ist, Minister für Verkehr und Digitalgewämse zu sein. Wenn Ihr Ziel der flächendeckende Breitbandausbau und eine Million Elektroautos sind, Sie aber im Zug sitzen und Telefonate folgenden Inhalts führen müssen: »Hal-Kö-später-fr-hal-zab-Kanz-zurückrufen.«

Herr Dobrindt gelobt: 2018 wird's besser. Internet

deutschlandweit mit 50 Mbit! Gut, pro Woche. Aber irgendwo muss man ja anfangen. Sicher, es gibt Gegenden im Osten, da ist das Internet so lahmarschig, dass die Leute denken, YouTube sei ein Archiv für sinnlose Standbilder. Der Minister arbeitet dran. Denn er weiß, der Unmut ist groß. Er war neulich allein auf der Hochzeit eines Freundes, der über schlechtes Internet klagt. Die Einladung machte klar, dass die Familie des Ministers ihn nicht begleiten durfte. Als Herr Dobrindt fragte, warum, erhielt er die hämische Antwort: ANHANG KONNTE NICHT GELADEN WERDEN.

Und ja, das mit der Maut ist irgendwie auch noch nix: Da sollte was in die Kasse kommen, von durchfahrenden Ausländern. Hakt noch 'n bisschen. Momentan sehen die Pläne so aus, dass einer mit dem Megafon an der Bahn steht und Lkws zubrüllt: EY! BIST DU POLE? GIB GELD!

Der Minister gibt nicht auf. Er ist ein Steher! Wie beinhart Herr Dobrindt beim Dieselskandal die Autoindustrie angegangen ist! Wie er von VW sofortige Aufklärung forderte, ein Geständnis sogar, quasi ein kollektives MEA CULPA in Richtung der Geschädigten – und die Verantwortlichen für den Skandal daraufhin sofort sagten: »Schwirr ab. Nimm dir 'n Muffin beim Rausgehen.«

Da hat Dobrindt sofort reagiert, indem er erwiderte: »Auch Blaubeere?«

Logisch, unser Herr Dobrindt ist ein lupenreiner Lobby-Horst. Aber jeder braucht Freunde!

Schon letztes Jahr blockierte er den Verbraucherwunsch nach Sammelklagen gegen VW. Warum auch nicht? Sie haben sich beim Autokauf alleine verarschen lassen, warum wollen Sie dann jetzt zusammen klagen? Nehmen Sie sich 'n Anwalt. Dann sind Se schon zwei.

Sie müssen verstehen: So ein Minister kriegt weder alles hin noch alles mit. Minister für Verkehr und Digitale Infrastruktur, das ist im Prinzip Abkacken als Berufsbild. Ich hoffe, ich konnte Ihr Verständnis für Herrn Dobrindt neu entfachen. Ach ja. Zum Schluss soll ich Ihnen vom Minister noch eine Frage ausrichten:

Äh ... braucht einer von Ihnen ein Stück Autobahn?

Startgebot 1 Euro. Ist aber für Selbstabholer. Und nur Anrufe. WhatsApp geht nicht immer.

Andrea Nahles

Liebe Bürgerinnen und Bürger,

beste Grüße von Andrea Nahles. Leider kann sie heute nicht hier sein. Beziehungsweise will. Man steckt nicht drin. Darum lassen Sie mich einige Worte zur Causa Nahles sagen, dieser unverstandenen großen Dame der SPD.

Natürlich sagen viele Deutsche, sobald Frau Nahles auf dem Bildschirm erscheint: Jetzt übertreibt der Kalkofe aber. Und Frau Nahles sieht ein, dass der gemeine Bürger, der in Mischgewebe durch die Innenstädte eumelt, nicht die großen politischen Zusammenhänge verstehen kann. Der Fall Maaßen ist ein solcher: Böse angeeckt, der Stratege, zack, wegbefördert, dann wieder nicht, und Frau Nahles soll schuld sein. Gut. Würde man den Fall Maaßen auf die Privatwirtschaft ummünzen, hieße das, dass man der Supermarktverkäuferin sagt: »Was Sie gemacht haben, war falsch. Deswegen bleiben Sie im Unternehmen. Aber als Baggerfahrer. Oder weisse was? Kassier einfach weiter. Oder, nee: Du bist gefeuert. Fällst aber weich. Tschüss.« Schwer zu vermitteln. Da hat Frau Nahles sich keinen Gefallen getan. Immerhin hat sie ihren Fehler zugegeben. Ist auch besser so, wenn man am Tatort mit der Axt in der Hand erwischt wird. Es läuft einfach alles schief grad.

Diese SPD soll eigentlich eine Partei fürs Volk sein, aber dadurch, dass man dieser Tage nur mit den echt Wütenden verlässlich Stimmen einsackt, wirkt die SPD wie eine Schlecker-Filiale, die einfach nicht zumachen will. Ohne ein Konzept, das irgendwie trendy wäre: Nix mit Ausländer raus, Grenzen zu oder MIA san MIA, sondern einfach nur Stoffeligkeiten wie »Rente sicher, Frauenquote, bezahlbarer Wohnraum«. Mit so was zieht man heute keinen Hering mehr vom Rost. Frau Nahles weiß das. Sie kennt dieses Land. Sie hat immerhin 20 Semester Germanistik und Politikwissenschaften studiert. Gut, in der Zeit hätte man auch dreimal nacheinander Maler und Lackierer lernen können. Oder einmal Arzt werden, und danach noch zweimal Pilot. Will sagen: Sie könnte heute eine HNO-Praxis in 'ner BOEING 747 betreiben, aber nee: SPD. Als Chefin. Die Pippi-Langstrumpf-Lieder singt. Vor anderen Erwachsenen. Im Fernsehen.

Apropos: Widiwidiwie konnte Frau Nahles Herrn Seehofer so vor die Pumpe laufen? Unter uns: Das war doch klar, dass der alte Silberrücken jede Chance nutzt, Frau Nahles bloßzustellen. War es nicht Horst Seehofer, der sagte: »Ihre Aufgabe ist es, meinen Untergang zu bewerkstelligen, daher bin ich mir nicht sicher, wie viel Erfolg ich Ihnen wünschen soll, doch ich weiß, dass wir viel Spaß haben werden.« Nein, war nicht Seehofer. Das ist von Hannibal Lecter, aber näher kommen wir heute nicht mehr dran.

Horst Seehofers Talent, politische Gegner im Vorbeigehen wegzufrühstücken, lässt 6 Staffeln »House of Cards« wirken wie 'ne Folge PEPPA WUTZ.

Und jetzt wird Frau Nahles wahrscheinlich keine Bundeskanzlerin mehr. Das ist bedauerlich: Wir alle hätten doch nur zu gern gesehen, wie sie nach der Wahl vor die Weltpresse tritt, mit den Armen rudert und sagt: »So, Leute, ab jetzt gibt's auf die Fresse, ihr Schwachmaten, ich hab ein Haus, ein Äffchen und ein Pferd, aber Ätschi Bum Bätschi Bumm Bumm ...«

Tja. Zwanzig Semester Germanistik, wie gesagt: Man steckt nicht drin.

Teil 3:
Texte aus
Nuhr im Ersten

Vorwort 3

Texte für Dieter Nuhrs Sendung schreibe ich zumeist völlig unabhängig von der tagespolitischen Lage. Als Stephen Hawking starb, wollte ich darüber schreiben; die Respekt-Rente drängte sich ebenso auf; und außerdem habe ich echt eine Vorliebe dafür, berühmte Zitate an unpassenden Stellen einzufügen. »I have a dream« ... zum Beispiel.

In Dieters Sendung lasse ich mich öfter mal komplett gehen – da kann ich tun, was ich will. Ein Text über Messerstecher und Toilettenschonbezüge? Kein Problem.

Ich habe ja beinahe schon Mitgefühl mit den Leuten, die – gern im Schutz des Internets – was vom »Staatskabarettisten vor Merkels Gnaden« labern und denken, wir würden nach der Pfeife von DENEN DA OBEN tanzen. Leute, ernsthaft: Wir machen im Fernsehen, was wir möchten. Unterhaltsam soll es sein, einen wahren Kern enthalten, eine Haltung – oder zumindest eine neue oder lustige oder bescheuerte Sicht auf die Dinge. Frau Merkel schreibt mir keine Inhalte vor. Bisschen schade. Täte sie dies, würde ich sagen: »Angela, folgender Deal: Du liest was von mir vor, ich lese was von dir vor. «

Ich melde mich, wenn es so weit kommt.

Respekt-Rente

Ich hatte an sich vor, heute eine Geschichte vorzulesen. Man bat mich allerdings, was zum Thema Altern und Rente zu sagen. Ausgerechnet ich. Na gut. Folgende Überlegungen:

1. Wir werden immer älter.

2. Seitens des Staates ist das eher unerwünscht. Denn Sie kosten den Staat Rentenzahlungen, also Geld, das Sie dem Staat schon bezahlt haben, und so geht's ja nicht.

3. Um Staat und Sensenmann ein bisschen entgegenzukommen, gibt es deswegen noch immer keine Obergrenzen für Lebensmittelverunreinigungen im Industrieessen wie zum Beispiel Zucker, Glutamat, Konservierungsstoffe, Pestizide, Fungizide, Transfette und Schmelzsalze.

4. Das heißt: Mit einer Tüte Chips und einem Butterkuchen aus dem Regal können Sie 4 Quadratmeter Boden unfruchtbar machen, Ihre Omma einbalsamieren, Ihre Zimmerpflanzen imprägnieren und töten, sich selbst ins diabetische Koma schießen, Warane anlocken, provisorischen giftigen Zement anfertigen – und was überbleibt, können Sie einspeicheln und sich daraus 'n Hocker bauen. Und wir essen das! Ich auf jeden Fall.

5. Alles wird teurer. Das Kilo Butter kostete 1906 vier Mark 16. Heute kostet das Kilo Butter knapp 6 Euro. Also ein

anderes Kilo Butter. Nicht das von 1906. Baugleiche Butter quasi, nur frischer. Sie begreifen. Das bedeutet, in genau 113 Jahren wiederum kostet das Kilo Butter ... unermessliche Summen, wir werden allerdings zu tot sein, um uns darüber aufzuregen. 1906 kostete ein Kilo Pferdefleisch übrigens nur 50 Pfennig. Liegt vermutlich daran, dass es widerlich ist; zudem dürfte ein Kuchen, der mit Pferdefleisch statt Butter gebacken wird, nicht recht aufgehen. Deswegen war die auch so teuer. Andererseits kann man auf Butter nicht reiten. Ich habe Punkt 5 nicht gut durchdacht. Weiter.

6. IDEE: Die ganzen, wenn auch immer weniger werdenden, Leute, die den Krieg miterlebt haben, werden ihr Wissen um die Entbehrung mit ins Grab nehmen. Wir sollten die jetzt noch Lebenden ganz lieb bitten, von Schule zu Schule zu reisen, um den Kids von Krieg und Aufbau zu erzählen, das hält nämlich frisch im Kopp und die Geschichte lebendig. Und die Kinder lernen, dass »Wir haben alles verloren« noch etwas anderes bedeuten kann als einen WLAN-Ausfall von mehr als 20 Minuten.

7. Man hört es grad so viel: die Respekt-Rente. Wenn man die extra so nennen muss, wissen Sie ja jetzt, welche Empfindungen man Ihnen vorher entgegenbrachte. Nicht dass die sogenannte Respekt-Rente käme! Die wird ja von Leuten beschlossen, die ihre eigenen exorbitanten Bezüge als »Diäten« bezeichnen. Alleinerziehende Mütter und Hausfrauen zum Beispiel, also alle, die statt acht Stunden am Tag einfach mal zwölf arbeiten, die sind in den Arsch gekniffen. Dabei erziehen, schützen und umsorgen die ihre Familie, und erschaffen ja damit Leute, die Steuern löhnen und in die Ren-

tenkasse einzahlen. Also warum wird das nicht honoriert? Klar: Manchmal hat man da auch Blagen sitzen, die nix auf dem Kasten haben, aber auch da muss man als Mutter durch und den Kindern gute Gedanken mitgeben, so was wie: »Kevin, du bist grunzdumm, aber ich glaube an dich. Eines Tages wirst du in Berlin 'n Flughafen bauen.«

8. Bei der Politik geht es nicht um Bürgernähe, sondern darum, wer am überzeugendsten Bürgernähe simulieren kann. It's a game mit dem Titel »Mensch, ärgere dich«. Übertriebenes Vertrauen ist da eher unangebracht. Es macht immerhin Spaß, sich an den ganzen Sonderlingen mit ihren ausgewürfelten Posten zu reiben. Armeen von politischen Kabarettisten zehren davon. Das bin ich ja nicht. Mich interessieren eher so Dinge wie die Frage, woher der Brauch kommt, dass mir die Dame an der Supermarktkasse erst in Schallgeschwindigkeit die Lebensmittel übern Scanner knüppelt, um dann mitten in meiner hektischen Einpackerei »Zweiundzwanzig achtunddreißig« zu brüllen und die Hand aufzuhalten. Ich pack doch grade ein, um den Weg frei zu machen! Meine Fresse, was soll das? Machen Ärzte doch auch nicht bei der Magen-OP. Arzt 1: »Ich näh zu!« Arzt 2: »Ich hab die Hand noch drin.«

Also im Ernst:

Was kann ich Vernünftiges zum Älterwerden sagen? Wenn man Glück hat, passiert es von selbst. Sie werden allerdings wahrscheinlich viel älter, wenn Sie die Kohle haben, sich wie Jens Spahn zu ernähren. Kann natürlich auch sein, dass Sie grade an einer Bio-Rübe kauen und dann überfährt Sie 'n Bus. Oder es läuft gut mit der Rente, alles bleibt bezahlbar, und Sie gehören zur ersten Generation, die mit

70 bis zum Hals tätowiert durch die Parks schlendert und finanziell zurechtkommt. Das wünsche ich mir für Sie. Aber bitte bedenken Sie, dass die Leute, die über Ihre Rente entscheiden, dieselben sind, die finden, Ferkel vorm Kastrieren zu betäuben sei zu teuer. Oder wie der jüngst verstorbene, große Rudi Assauer einst sagte: »Wenn der Schnee schmilzt, sieht man, wo die Kacke liegt.« Vielleicht wird das also nix mit der menschenwürdigen Rente für alle. Aber Sie haben immerhin, und da können Sie sich jetzt nicht direkt was für kaufen, aber trotzdem … Sie haben immerhin jederzeit meinen Respekt.

Danke.

E-Scooter

Ich bin gebeten worden, heute über Elektroroller zu sprechen. Sie wissen schon. Sehen aus wie Tretroller. Nur elektrisch.

Als ich Kind war, gab's das nicht. Ich hatte ein Bonanza-Rad. Sooo 'ne lange Sitzbank, sooo ein Lenker, an jedem Griff Bommeln, das ganze Teil mit nihilistischen Kirmes-Wimpeln behängt, eine kürbisgroße Lampe, aber SO kleine Räder. Ich sah darauf aus wie ein sehr junger Zuhälter in Breitcord. Die Bonanza fuhr ich, bis ich 15 wurde, dann übergangslos Ernst des Lebens, geh doch zu Onkel Werner in die Werkstatt, der gibt dir 'ne Festanstellung, wenn du ihn darum bittest. So schnell ist die Kindheit vorbei. Ich hab mein Bonanza-Rad geliebt, aber für einen elektrischen Roller hätte ich getötet.

Heute besitze ich einen dieser Elektroroller. Wirklich. Ich darf ihn nur öffentlich nicht fahren. In vielen, vielen Ländern ist das legal. Nur bei uns nicht. Mitte Mai stimmt der Bundesrat aber ab, ob wir auch dürfen.

Ich sage: Macht! Von Elektrorollern geht meiner Ansicht nach keine Gefahr aus.

Jetzt befürchten allerdings viele Experten im Vorfeld, dass es dann zu unschönen Szenen auf den Straßen kommt. Offensichtlich hat von den Herrschaften noch nie jemand einen Fuß auf einen Berliner Fahrradweg gesetzt. Allein die Senioren sind mit ihrer PEDELEC-mich-am-Arsch-Mentalität welkende Geschosse! Die sind alt, aber mit Akkuunterstützung werden die zu IRONMAN! 92 Jahre alt, 70 Kilometer Radtour. Kein Thema. Und das sind noch die Entspannten, da sind die Rennrad-Leute und die, die einfach einen an der Pfanne haben, noch gar nicht mit drin. Da kann man wohl auch E-Roller erlauben.

Diese Liegefahrräder sind ja auch erlaubt, und die sehen echt gefährlich aus. Die Leute pimmeln da wie mit einer Gartenliege verschmolzen über die Straße, haben einen Blickwinkel wie im Aufwachraum und passen genau unter den nächsten Lkw. Was ist das?

Oder fahren Sie doch einfach mal Autobahn, schön mit 300, ist ja erlaubt, und dann kommt plötzlich diese starre Wand aus Fahrzeugen, irgendwer ballert in die Luft und Ihr letzter Gedanke vorm Aufprall ist: Ach kuck, da heiratet wer. Nachteil: alle tot. Vorteil: Blumendeko ist vor Ort.

Schlimm. Mir geht's doch nur um entspanntes, emissionsfreies Fahren für Kurzstrecken.

Unter uns: Ich fahre meinen Roller ab und zu trotzdem und kann sagen: Es ist sicher. Man steht aufrecht und fährt mäßig schnell. Okay: Meiner ist ein sehr spilleriger Roller, und ich trage gelegentlich einen sehr voluminösen Mantel, und der bauscht sich mitunter so, dass er fast den gesamten Roller umhüllt beim Fahren, und das sieht dann für Außenstehende so aus, als würde ein sehr fetter Kardinal dicht über dem Boden vorbeischweben. Deswegen bekreuzigen sich auch immer alle, wenn ich vorübergleite – einmal hab ich weihevoll zurückgewunken und mich natürlich sofort auf die Fresse gelegt. Aber wenn man die Hände am Lenker lässt, geht's. Also bitte.

Komm schon, Bundesrat: Wir leben doch in Deutschland.

Und machen so viel Kacke. Wir erheben auf Brot, Butter, Taxifahrten und Wachteleier sieben Prozent Mehrwertsteuer, weil dies Dinge des täglichen Bedarfs sind – aber auf Tampons 19 Prozent. Welches Konzept liegt dem zugrunde? Diskriminierung? Idiotie? Oder Gier? Keine Ahnung. Ich habe aufgegeben, in diesem Land alles dauernd zu hinterfragen. Ich halte mich an die Regeln: Ich hab wie alle früher in der Telefonzelle, wenn das Geld durchfiel, die Münze am Fernsprecher gerieben. So hobelte man mit purer Muskelkraft eine feine Schicht Metall ab und plötzlich ging's. Ich drücke immer den Fahrstuhlknopf stets zwölfmal wuchtig hintereinander, weil er dann schneller kommt – und draußen im Café bestelle ich generell nur Kännchen, weil ich im Freien PRINZIPIELL die fünffache Menge Kaffee saufe. Im Restaurant rufe ich auch dann vorm Zahlen »GETRENNT BITTE«, wenn ich alleine esse, denn ich trenne gern, im Supermarkt lege ich hinter meine Einkäufe immer den Warentrenner wie ein DDR-Zöllner, schön mit Schmackes, das muss BÄM machen, sonst bezahle ich noch aus Versehen die Dose Katzenfutter der Omma hinter mir – und die steht dann für immer in meiner Schuld, muss mir überallhin folgen, um niedere Arbeiten für mich zu verrichten. Natürlich.

Ich bin Deutscher. Weiß, männlich, über 50. Erwachsen. Ich spiele nicht mehr mit PLAYMOBIL, schon seit Wochen nicht mehr, ich habe kein Glöckchen mehr an der Jeans, ich trinke in den Pausen keinen Kakao mehr. Also lasst mich wenigstens endlich Tretroller fahren. Elektrisch. Emissionsfrei. Zwingt mich nicht, mein Bonanza-Rad aus dem Keller zu holen. Bitte. Danke. Tüss.

Prostata

Guten Abend. Ich möchte zu Ihnen heute über ein Thema sprechen, das Männer in Ost und West gleichermaßen betrifft. Speziell die Männer. Um es kurz zu machen: Gehen Sie zum Arzt. Einmal im Jahr. Ich weiß, im Osten muss man dafür manchmal in den Nachbarort, und ich weiß ohnehin, wie Männer so sind: Was von alleine kommt, geht auch von alleine wieder. Stimmt. Du zum Beispiel. Deswegen bitte einmal im Jahr zum Arzt. Immerhin können wir das einfach so. Das ist vielen Bewohnern im Land des orangefarbenen Manns nicht möglich. In Amerika haben viele keine Krankenversicherung, speziell die Ärmsten nicht, und dann sitzen diese Menschen in den Notaufnahmen und sind dran, wenn sie mal dran sind. Wir hingegen können in aller Regel zum Arzt gehen, wann wir wollen. Das gibt uns dann zumindest medizinisch Planungssicherheit für zwölf Monate. Vielleicht ist das die einzige Planung, die uns ein bisschen Sicherheit gibt. Alles andere kann man schlecht absehen. Tun Sie es bitte. Ich war gerade: das große Blutbild, die Gefäße und so weiter. Und diesmal auch: die Prostata. Jaja, ich weiß. Da Vorträge über die Prostata in der Regel ganz großes Comedy-Material sind, werde ich mich dem Thema sehr subtil nähern. Wir bleiben bei den Fakten. Also:

Die Prostata sitzt hinten unten und kommt nicht von selber raus. Da kannst du eine Scheibe Brot vorhalten – es muss einer rein. Im besten Fall ein Arzt. Dafür wird man oft in einen gekachelten Raum geführt. Man kann natürlich sagen: Egal, ob du ein Mensch bist oder eine Kuh, es ist nie gut, wenn du in einen gekachelten Raum geführt wirst. Aber andererseits sind Kacheln was Schönes. Ich werde noch im Oktober mein Schlafzimmer bis zur Decke durchfliesen, mit 'nem Ablauf in der Mitte, dass man im Bedarfsfall mal sagen kann: Lass uns zärtlich sein – ich kann ja durchkärchern. QUATSCH. Weiter.

Dann zieht der Arzt einen Gummihandschuh über und schmiert sich auf den Zeigefinger eine Paste ... eine Creme ... eine Mousse ... ein Gelee. Und dann legt man untenrum ab. Das war einer der Knackpunkte bei mir, denn ich trug, da ich eine derartige Untersuchung nicht auf dem Zettel hatte, eine Unterhose, auf der Einhörner waren, die von Katzen geritten werden, und Explosionen. Und dann hat der Arzt mit dem Finger für einige Sekunden die Prostata abgetastet. Diese wenigen Sekunden kamen mir allerdings so vor, als hätte mir jemand sehr langsam die kompletten BUDDENBROOKS vorgelesen.

Also ich könnte kein Arzt sein. Und ich ekle mich sehr schnell. Es gibt so viele Gründe, warum ich kein Arzt sein könnte. Kein Abi. Egal. Ich könnte es nicht. Da könntest du mir tausend Mal erzählen, studier doch Medizin, eigene Praxis, das deutsche Abrechnungssystem, du bist ein Heiler, ein Halbgott in Weiß, ein Schamane. Sicher: Aber irgendwann in deinem Studium stehst du vor einer Schiefertafel, auf der steht: HEUTE: DIE PROSTATA. Und dann öffnen sich zwei gigantische Flügeltüren, und in einem ansonsten leeren Raum stehen vier nackte, nach vorn gebeugte Rentner, und das wird der Zeitpunkt sein, an dem ich sage: »Taxi! Ich mach was anderes. Bundeskanzler. Oder werde Lufterfrischer bei PRIMARK.«

Ich könnt's auch nicht, weil ich morgens gar nicht wach

bin. Soll ich etwa um 21:00 Uhr die Praxis öffnen? DOKTOR MABUSE, ALLGEMEINMEDIZINER. Nee. Und morgens geht eben auch nicht, weil: solche Klüsen! Da würde ich dann im OP stehen und in die offene Bauchhöhle mit 'nem Knoppers reinkrümeln. Und dann alle: »SIND SIE WAHN-SINNIG, HERR DOKTOR?!« Und ich: »Warum? Ist halb zehn.«

Wir Männer sind solche Lappen. Ernsthaft: DIE FRAUEN, die seit jeher mit uns Männern 'n Stiefel mitmachen, die gehen alle paar Monate zum Frauenarzt. Oft ein Mann! Die planen die Termine genau. Und wenn wir mitgehen würden, wär's mit der großen Fresse dann vorbei, wenn wir im Be-handlungszimmer den STUHL sehen! Startet hier 'n Space-shuttle, oder was? Welch unguter Winkel! Die Frauen sitzen dann teilbekleidet viele Stunden da, also Sitzen im Sinne von Liegen, dann wird mal eben alles gemacht. Tagelang! Tas-ten, kucken, hören, sprechen, Öl, Wasser, Zündkerzen! Und dann, wenn die Sichel des Mondes hell am Himmel steht, erheben sie sich, kleiden sich an, gehen heim und essen Pommes! Ich bin fassungslos! Ich hatte drei Sekunden den Finger im Arsch, sofort: #METOO.

Ernsthaft und ruhig jetzt. Nehmen wir uns ein Beispiel an den Damen. Seien wir Männer. Es hat mir ja auch nicht geschadet. Ich habe da mental nichts zurückbehalten.

Gut, ich kann immer noch nichts mit Sascha Grammel kucken. Aber gehen Sie bitte zum Arzt. Danke.

Wir sind raus

Bevor Sie fragen: Ich bin kein politischer Kabarettist. Ich kann Ihnen auch die Griechenlandkrise nicht erklären, und wenn, dann eher knapp als lang und breit. Der Grund für die unfassbare Schuldenlage dort lautet als Formel: »Peter hat vier Äpfel. Er isst neun.« Das ist zynisch, ich weiß. Hab ich nicht im Griff. Ich hab's eher mit innerfamiliären Themen.

Reden wir deshalb über Erziehung. Es gab eine Zeit, da war mein Sohn noch kleiner, und da gab's bei mir zu Hause so gut wie keinen Technikschnickschnack. Irgendwann wollte er unbedingt ein Smartphone. Er war elf. Also er war kein Elf, so mit spitzen Ohren und Pfeil und Bogen und so. Sondern elf Jahre alt. Ich habe ihn immer ganz behutsam an Technik herangeführt. Ich habe ihm also erst mal testweise für vier Wochen so ein Gerät gegeben, und das lief auch ganz gut. Dann hat er es mir zurückgegeben mit den Worten: »Papa, immer wenn ich dich anrufen will, bellt da ein Hund. Und was ist das überhaupt für 'ne Marke, Fisher Price?«

Wuff Wuff, Kikeriki, Miau. Immerhin. 4 Wochen Ruhe. Aber ich selbst tue mich mit Technik noch schwerer. Ich hatte jetzt jahrzehntelang einen Röhrenfernseher, und der ging neulich kaputt. War ein Riesengerät. Hat mir auch gereicht. Aber da musste 'n neuer her. Dann bin ich in eine Filiale von Satan in die Dortmunder Innenstadt, und da stand so ein flaches Teil. 84 Zoll. Ich war letztes Jahr ziemlich fleißig und hatte was gespart und dachte, heut gilt's. Nun war dieser Elektronikmarkt räumlich gesehen recht luftig, da wirkte der Fernseher recht dezent. Am nächsten

Tag brachten mir acht Leute das Gerät. Seitdem hab ich nicht viel drauf gekuckt. Ich sitze 2,20 Meter davor. Geht nicht. Der Nachrichtensprecher ist viermal so groß wie ich. Und das Wetter wird im Maßstab eins zu eins dargestellt. Ich muss bis in den Keller rennen, um aus dem Brandenburger Sturmtief rauszukommen. DVDs gehen aber auch nicht. Sobald ich 'n Spielfilm anmache, kommt ein Mann ins Wohnzimmer und brüllt: EIS? WILL NOCH JEMAND EIS?

Früher war's irgendwie besser.

Die Welt dreht durch, und ich verabschiede mich jetzt in die Altersmilde.

Für Zeiten wie diese bin ich einfach zu schlicht im Geiste. Ich bin raus.

Ich schaue auch nicht mehr Richtung USA oder benutze das T-Wort. Von mir kommt da erst wieder was, wenn die Geissens ins Kanzleramt einziehen. Ich sage nur so viel: Man könnte diese Welt besser machen, aber es erfordert Opfer. Ich meine, auf unseren Straßen frieren die Obdachlosen, und bei IKEA stehen jede Nacht dreihundert Betten frei.

Gut, die Idee ist nicht zu Ende gedacht, aber ich verstehe ja wie gesagt ohnehin nix mehr. Ich wandle zwischen den Generationen. Speziell die nachrückende macht mich fertig. Mein Sohn ist mittlerweile 13 und am Puls der Zeit. Ich bin sehr stolz auf ihn. Aber ich verstehe inzwischen überhaupt nichts mehr. Ich würde wirklich gern vermeiden, jetzt Alte-Männer-Nostalgie-Kabarett zu machen, aber ich frage Sie: Kennen Sie folgendes Lied: FOLLOW ME von PROYECTO E-FECTO & MARKUS D'AMBROSI FEAT. PATRICK BRUNI & RICO CALIENTE?

Eben. Mein Sohn schon. Dafür kennt er LIMAHL nicht mehr, und ich kann ihm auch schlecht erklären, wer das ist.

Halt so ein Typ, halb Mensch, halb Sittich, in einer Leggins aus rotem Nappaleder. Schwierig. Mein Sohn nutzt inzwischen auch unbedarft ein echtes Smartphone – Datenschutz egal. Wir sind alle durch eingebautes GPS – anpeilbar! Ortungsdienste schalte ich immer aus. Ich bin schon von meiner Mutter angepeilt worden, als ich 13 war – ich hatte so eine Jeans von Palomino mit so 'nem Glöckchen dran, meine Mutter wusste immer, wo ich bin, Palimm-Palimm, total würdelos. Wir hatten auch kein WhatsApp mit Gruppen namens »KLASSE 7B forever DEINE MUDDER YOLO 2017«. Wir haben uns einfach nach der Schule im Wald getroffen und 'ne Kuh angezündet. Die jungen Leute heute sind anders. Das müssen sie auch. Ich liebe meinen Sohn. Und früher war nicht alles besser. Ich hab's nur besser verstanden. Immerhin weiß ich noch, wann genau mir klar wurde, dass ich den Anschluss verloren habe.

Eigentlich weiß ich das schon ziemlich lange. Vor bestimmt schon sechs Jahren geschah Folgendes: Mein Sohn war am Wochenende bei mir und setzte sich, weil er schon wach war, morgens um halb acht vor den Fernseher. Von der Lautstärke wurde auch ich wach, und ich war seit 1987 nicht mehr um die Zeit wach. Also ab und zu »noch«, aber nicht »schon«. Für mich gilt immer die Knoppers-Zeit. Halb zehn. Alles andere ist unseriös. Ich hockte mich neben ihn auf die Couch und rieb mir drei Handvoll Kies aus den Augen – den sogenannten »Schlaf«, von dem ich vermute, es handelt sich um pfundweise abgestorbene Hirnzellen – an irgendwas muss es ja liegen, dass man jeden Tag ein bisschen blöder wird. Im TV lief grad irgendein Cartoon-Kram – Blitze, Schusswaffen, fliegende Paviane, allgemeine Hektik, und ich dachte zurück an die Serien meiner Kindheit: KOMM

UND BESUCH MAL BARBAPAPA, ES MACHT VIEL SPASS MIT DER FAMILIE BARBAPAPA – das waren so kegelförmige Mietnomaden, die sich in alles verwandeln konnten; Handlung: Fehlanzeige. Das Ganze war wie ein Eingriff am offenen Gehirn, hatte aber Charme. Heute geht's nur noch über Tische und Bänke. Ist aber gar nicht der Punkt. Denn danach kam ein wuchtiger Werbeblock für Spielzeug. Aber voll auf die Zwölf. Und das mitten in der Nacht. Ich will nicht schon wieder mit der Nostalgiekacke anfangen, aber Reklame für Spielzeug gab es zu meiner Zeit nur in der Adventszeit, und sie wurde sanft gegen 18:00 Uhr eingeleitet, und zwar von einem dürren Buben im Pullunder, der auf einen riesigen Gong drosch: MB PRÄSENTIERT. Und dann kam Werbung für SENSO, ein Wunderwerk der Technik, denn es leuchtete in vier verschiedenen Farben, und wenn man die in der richtigen Reihenfolge drückte, gewann man ... äh ... nichts.

Aber an diesem Morgen sah ich eine Werbung, die mir für immer die Augen öffnete. Der Spot beginnt mit pulsendem Licht, rasenden Schnitten und Rhythmen, wie sie vermutlich nur der Thermomix hinkriegt. Dann erscheint im Stroboskoplicht ein gestylter Zehnjähriger mit gegelten Haaren. In seiner Hand: ein Plastikfisch. So groß wie 'n Daumen. Aus Plastik. Fisch. Mir ist wichtig, dass Sie das begreifen. Und der Fisch hat so einen Pinnorek zum Aufziehen am Bauch, so 'n Pin, und der Junge dreht dran und wirft den Plastikfisch dann in ein kleines Wasserbecken. Dazu singt eine Stimme: WIRF IHN INS WASSER, UND ER WIRD NASS! ROBOFISCH! Und ich blickte stumm auf den Bildschirm und dachte: »Im Namen Jesu, was genau läuft hier grade?« Aber der Junge blickt auf den Plastikfisch im Becken, der, von einer billigen Mechanik angetrieben, einigermaßen scheiße im Wasser herumruckelt, und dann singt die Stimme: WIRF IHN INS WASSER, UND ER SCHWIMMT HERUM! ROBOFISCH!

Und in diesem Moment verlor ich den Anschluss. Ich meine, ernsthaft, ich frage die Älteren – was hatten wir, als wir jung waren? NIMM ES UND SCHLAG'S DEINEM FREUND AUF DEN KOPF! STOCK!

Sehen Sie? Wir sind raus.

I have a dream

Guten Abend, liebe Mitbürgerinnen, liebe Mitbürger.

Sind Sie gut reingekommen? Gut.

2018! Das neue Jahrtausend wird volljährig. Nice. Dann können wir ja jetzt all unsere guten Vorsätze umsetzen, ne? Quatsch. Was soll das sein? Dass Sie sich nächstes Jahr Silvester vielleicht mal keine Böller aufm osteuropäischen Flohmarkt kaufen sollten? Das können Sie sich ja jetzt schon an acht Fingern abzählen.

Aber ich glaube daran, dass es Zeit ist, Dinge zu verändern. Oder, um diese Rede mal mit etwas unpassendem Pathos aufzuladen: I HAVE A DREAM!

I HAVE ZUM BEISPIEL A DREAM, dass das Mitführen von Messern verboten wird! Für alle! Außer für Handwerker. Vor denen muss man keine Angst haben, die kommen eh erst, wenn du grad nicht zu Hause bist.

Besser noch, wir verbieten alle Waffen! Erlaubt sind nur noch Kissen. Genau! Wenn dann so ein Typ auf dich zukommt – mit SO EINEM 80-mal-80-DAUNEN-OTTO –, dann weißt du: Der ist auf Krawall aus. Aber wenn alle nur Kissen haben, geht's. Zumindest 'ne Zeit lang! DANN gibt's natürlich wieder Tote – weil irgendwem NICHT gesagt worden ist, dass man beim Sitzkissen vorher die Eckbank abmachen muss. ABER: I HAVE TROTZDEM A DREAM!

GENAU! I HAVE A DREAM! Da ja viele Senioren so wenig Rente kriegen, dass sie Flaschen sammeln müssen – warum klingeln wir nicht bei der alten Dame nebenan und geben der direkt unser Leergut? Dann kannste deiner Gattin sagen:

»Liebling, ich kann heute nicht mit dir in die Oper, ich muss mit den Jungs noch vier Kisten Pils platt machen, die Frau Müller ist grad 'n bisschen klamm.«

I HAVE ABER AUCH A DREAM, dass endlich TV-Werbung für Alkohol verboten wird! Es ist nämlich nicht besonders gut für Heranwachsende, in Werbespots Menschen zu sehen, die aussehen, als kämen sie von der FERRERO-Insel, aber beim Sackhüpfen Apfelkorn saufen. Das Zeug hat mindestens 38 Umdrehungen! Damit kann man Schusswunden desinfizieren. Mal ernsthaft: Ohne Alkohol-Werbung wird sowieso KEIN MENSCH weniger trinken. Den möchte ich sehen, der sagt: »Potz Blitz, die Schnaps-Reklame kommt nicht mehr, ich mach mir 'n Kamillentee.«

AND I HAVE A DREAM, dass wir alle die Höflichkeit wiederentdecken. Ich war neulich in einer rappelvollen Tankstelle und sagte zur Kassiererin: »Tag, Sie haben ja ordentlich Stress!« Sie gab mir mein Wechselgeld und erwiderte: »Na Sie sind ja jetzt schon mal weg.« Das war immerhin lustig. Ich glaube allerdings daran, dass man sich, im Gegensatz zu Respekt, Höflichkeit nicht verdienen muss. Höflichkeit kostet nix, nimmt keinen Platz weg und ist geruchsneutral. ALSO BITTE MEHR DAVON.

Ich bin da auch noch nicht mal sonderlich anspruchsvoll. Ich komm aus'm Ruhrgebiet, bei uns freut man sich auch über Aufmerksamkeiten wie: »Schicke Hose, du Arschloch.«

I HAVE ZUDEM NOCH A DREAM! Nämlich, dass wir aufhören, jedem Digital-Tinnef hinterherzulaufen! DER BITCOIN! Watt soll dat denn sein? Virtueller Zaster, der sich von ein paar Euro fuffzig auf zigtausend Ocken hochgeschaukelt hat. Dieser ganze digitale Blödsinn. Da bin ich echt altmodisch. Für uns war früher 'n BROWSER 'n Typ, der duscht!

Bitcoin! Das hat sich einfach irgendwer ausgedacht. Und Dinge, die wirklichen Wert haben, werden ignoriert. Ommas Anrichte. 'Ne Pellkartoffel mit Quark. Oder WÜRDE.

Ich finde, wenn einer 'ne Kryptowährung erfinden sollte, dann die Deutsche Bahn. Für jede Stunde Verspätung gibt's 5 Cent digital gutgeschrieben. Wenn die das machen, komme ich nächstes Jahr mit einem Zeppelin aus purem Gold!

Und wenn das alles so einfach ist, gibt's jetzt von mir auch 'ne Kryptowährung: den MOINCOIN. Kannste bis 9 beim Bäcker mit bezahlen. Oder den DRITT-COIN, den bekommst du, wenn du schon zwei hast. Oder den SHITCOIN. Für SANIFAIR. Kokolores, alles.

I HAVE A DREAM! Da wir nämlich grad von SANIFAIR sprechen ... ich finde es unmoralisch, mit körperlichen Zwangslagen Kasse zu machen. Warum muss ich mich fragen, ob ich mir unterwegs meinen Stuhlgang leisten kann? Ich mein das ernst. Wenn ich keinen Cent dabeihabe, aber ein bedrohliches Rumpeln hinten in der Warenausgabe – muss ich dann bei SANIFAIR wie ein Idiot durch das ausgesägte Loch für Dreijährige krabbeln? Und kommen Sie mir jetzt nicht mit »Aber man bekommt doch einen Wertbon«.

Das bringt uns direkt wieder zum Thema Würde. Wer löst die ein? SANIFAIR-Bons sind ein noch blöderes Zahlungsmittel als Bitcoins. Einfach, weil man sofort sieht, womit Sie sich den Gutschein verdient haben. Da kann ich auch direkt damit zur Kasse gehen und sagen: »Tach, mein Name ist Sträter, ich war grad kacken und hätte gern 'n Duplo.«

AND I HAVE A DREAM, dass ich zukünftig für meinen Blödsinn keine Formulierungen mehr von MARTIN LUTHER KING klaue. Ich habe es auch zuerst mit FINGER

IM PO, MEXIKO versucht, und dann mit QUID PRO QUO, CLARICE, aber I HAVE A DREAM passte echt am besten. Verzeihung. Will sagen: Ich werde versuchen, mit Veränderungen da anzufangen, wo es immer am wichtigsten ist: bei mir selbst.

Also, liebe Mitbürgerinnen und Mitbürger: Ich hoffe, dass es Ihnen 2018 gut ergehen möge und dass Sie auf sich aufpassen – denn Vorsicht ist die Mutter der Porzellankiste, und die ist bekanntlich die Schwägerin vom Vater des Gedankens. Und ich hoffe, Sie an der einen oder anderen Ecke gesund und munter vorzufinden, und dann lachen wir zusammen, und ich nehme Sie eine Runde mit – im Bollerwagen meiner Wertschätzung.

Stephen Hawking

Liebe Mitbürger,

ich möchte mich heute noch einmal an Sie wenden, um mich für meine Rede von neulich zu entschuldigen. Da benutzte ich unpassenderweise Martin Luther Kings I HAVE A DREAM. Verzeihen Sie. Aber solche Aussprüche inspirieren mich. Also reden wir heute über Inspiration. Nichts Kompliziertes. Die meisten von uns haben ja ohnehin nicht den intellektuellen Anspruch des jüngst verstorbenen Genies Stephen Hawking, der sagte: »Mein Ziel ist einfach. Es ist das vollständige Verstehen des Universums.«

Das wäre jetzt witzigerweise auch mein Ziel, aber ich fang besser klein an. Erst mal würde ich gern begreifen, warum Dinge existieren wie Plüschbezüge für Toilettendeckel. Wozu sind die gut? Falls man Besuch im Bad empfängt? »Hier, Herr Premierminister, bitte, setzen Sie sich auf diesen superflauschigen Eumel ...« ODER WAS? Oder hat man zu Kriegszwecken einfach ein hochfloriges Material gesucht, das in unmittelbarer Schüsselnähe ein Maximum an Keimen aufnehmen kann? Schlimm ist das! Obwohl ... Ich gebe zu, es sieht hübsch aus. Und man sitzt sehr bequem. Man kann halt nur ziemlich schwer durchkacken. So was beschäftigt mich. Ich fang noch mal an.

Stephen Hawking sagte: »Auch wenn ich mich nicht bewegen kann und durch einen Computer sprechen muss – in meinem Kopf bin ich frei.«

Jou. Bei den meisten ist es andersrum. Ich meine, ich bin so gern in Berlin. Man könnte fast sagen: ICH BIN EIN BERLINER! DAS ist inspirierend! Aber es gibt so seltsame Berliner Bräuche: Du gehst um 21.30 Uhr in eine Bar, bestellst 'n Kaffee und die Bedienung erwidert: »Sorry, die Maschine ist schon sauber!« Und ich antworte dann immer: »Umso besser. Einen Kaffee bitte.« Aber DU BEKOMMST KEINEN! Ich finde, da muss MAL EIN RUCK DURCH DEUTSCHLAND GEHEN! Speziell in Berlin. Mit dem Zug bin ich sehr schnell da – TOP! Und dann ist wie üblich zeitgleich ein Staatsbesuch in der Hauptstadt, also muss man sämtliche Gullydeckel zulöten und alles großräumig absperren, und deine Taxiroute lautet plötzlich »Mitte – Wolfsburg – Dresden – Kreuzberg«. SCHÖNEN DANK DAFÜR!

ICH BIN TROTZDEM EIN BERLINER! Denn Ihr Berliner habt so großartige Sachen erfunden. Das Kondom! Und das Sandmännchen! So inspirierend! Meine Eltern haben am Tag meiner Zeugung bestimmt dagesessen und sich gefragt: »So, watt jetzt? Heute Kondom oder jeden Abend Sandmännchen?« JA, SANDMÄNNCHEN! SCHON DESWEGEN BIN ICH EIN BERLINER! Berlin ist fortschrittlich und tolerant! Ich bin nix davon! Nicht mal tolerant – das denkt man nur, weil ich immer so lieb kucke, wenn mich was nicht interessiert! Ich komme aus einem sehr kleinen Dorf namens Waltrop. Ich will damit nicht sagen, dass wir irgendwie rückständig sind …, aber wir haben als Einzige noch 'n Schlecker-Markt. Wenn der jemals zumacht, stecken wir in Schwierigkeiten. Natürlich bin ich im Kopf nicht frei. Aber ich weiß mittlerweile: Nur Menschen inspirieren Menschen. Die Technik ist lediglich ein Werkzeug. Hier:

Ich bin der unfitteste Mensch im Raum, aber ich trage eine Fitness-Uhr. Das Teil sagt, ich soll jeden Tag 8000 Schritte gehen. Aber ich weiß nicht, wohin. Obwohl: Ich hatte neulich 382 000 Schritte drauf – allerdings auch zeitgleich eine Schlagbohrmaschine in der Hand. Alles wird gezählt. Alles. Onanieren. Es ist so würdelos. Mit so was beschäftigt man sich, und die Erde geht den Bach runter, und in diesem Moment wird wieder irgendwo eine Kaffeemaschine gereinigt. Ich denke, es ist an der Zeit, etwas für den Planeten zu tun! Irgendwann ist es zu spät – und ob die Klimaerwärmung wirklich ein Mythos ist, sehen wir ja, wenn vorm KADEWE die ersten Flamingos rumlungern. Also los!

TIME IS NOW! ICH BIN EIN BERLINER! ES MUSS EIN RUCK DURCH DEUTSCHLAND GEHEN! KLINGELINGELING, HIER KOMMT DER EIERMANN. Das war jetzt zu viel, oder? Ich bin nur mäßig inspirierend. Aber: I HAVE A DREAM, und zwar, dass die letzten Worte, die Stephen Hawking an die Menschen richtete, auf Schulhefte gedruckt werden, auf Unterarme tätowiert und von Rockbands besungen. Sie lauten in etwa:

»Schaut in die Sterne und nicht auf eure Füße. Versuch zu verstehen, was du siehst und wundere dich über die Dinge … warum das Universum existiert. Bleib neugierig. Und egal, wie schwierig dein Leben aussieht, es gibt immer etwas, das du tun kannst. Wichtig ist, dass du niemals aufgibst. Danke fürs Zuhören.«

Teil 4:
Das Beste aus
Sträters
Männerhaushalt

Vorwort 4

Hier nun, der Vollständigkeit halber und weil ich ziemlich oft darum gebeten wurde, einiges Material aus meiner WDR-Sendung STRÄTERS MÄNNERHAUSHALT.

Ich hatte völlig freie Hand beim Ersinnen absolut stumpfer Rubriken. Konzentrieren möchte ich mich hier auf Material der Rubriken IKONEN VON HIER, also recht präzise (oder was ich dafür hielt) Beschreibungen von Ruhrgebiets-Archetypen; NACHRICHTEN AUS DER REGION, bescheuerte kleine provinzielle Durchsagen; und den Bildinterpretationen, bei uns genannt: DIE CHRONIKEN VON ANDERSWO. Zusätzlich Texte einer einmaligen Rubrik, bei der wir die Zuschauer baten, Fotos von unbekannten Gegenständen einzusenden, die ich dann erkläre. Haben wir ZEUCH VON EUCH genannt. Ich habe übrigens lediglich jene Texte und Bilder ausgewählt, die ich am meisten mochte. Es geht nämlich nicht darum, das Buch hier unnötig mit Material aufzublasen – ich musste mich hier sogar ziemlich beschränken. Wenn Sie die Auswahl also doof finden, können Sie mir die Schuld geben. Das gilt andererseits fürs gesamte Buch. Ist klar. Ich hab das folgende Material einfach ausgewählt, weil mir beim Sichten einfiel, wie viel Spaß mir das Schreiben daran machte. Ach ja – außerdem dabei: eine Weihnachtsansprache, ein paar Texte aus LITERATUR ZUR NACHT und die Sache mit Will Smith. Viel Spaß.

Die Chroniken von Anderswo

Mental verdorrte Vorortsportorte!

Als Heinz P. vom Grünflächenamt Witten den Auftrag erhielt, ein Verbotsschild für dieses Fußballfeld zu malen, da neuer Rasen gesät werden sollte, war ihm nicht ganz klar, in welcher Reihenfolge diese Beschriftung zu erfolgen hatte. Und da er die erforderliche Trittleiter im Wagen vergessen hatte, dachte er sich: »Ja, dann mal ich eben erst den unteren Satz, ne, und nach'm Mittach dann den oberen.«

Also schrieb er zuerst: FÜR ALLE!

Dann ging Heinz zum Wagen, um weitere Farbe zu holen und Mittagspause abzuhalten. Auf dem Weg dorthin zog er sich allerdings eine überaus komplizierte Oberschenkelhalsfraktur zu und wurde in die Klinik gebracht.

In der Zwischenzeit hatten andere Leute entdeckt, dass dieser Platz laut Schild und entgegen der deutschen Verbotskultur für jedwede Tätigkeit bereitzustehen schien; die virale Verbreitung tat ein Übriges, und so nahm alles seinen Lauf. Ab sofort wurden auf diesem Platz Hunde dressiert, Ritterturniere ausgetragen, Kinder spielten Frisbee, eine Hippiefamilie zog mit Sack und Pack in eine Ecke, und jeden Tag wurde es mehr.

Eine Woche später gab es eine mit 2000 kostümierten Menschen gut besuchte Klingonentaufe, ein Reichsbürger erklärte den Platz zum freien Staat »Pimmelhausen an der Wumsel«, die Weltmeisterschaft im Luft-Tuba-Spielen wurde abgehalten, das Poesie-Festival »Woche der mittelmäßigen Elch-Gedichte« fand statt, ein Pitbull im Hühnerkostüm wurde zum Platzheiligen erklärt, permanent war was los, das Medienecho gigantisch – und Herr P. musste das alles vom Krankenbett aus im TV mit ansehen.

Nach vier Wochen konnte er nicht mehr. Das war alles seine Schuld. Mit dem Hintern im Wind, weil im hinten offenen Klinikhemd, humpelte Herr P. mit einem Eimer blauer Farbe zum Spielfeld. Gerade noch rechtzeitig, denn an diesem Tag fanden parallel mehrere Kinderflohmärkte, ein Jürgen-Drews-Konzert, zwei Atombombentests, das jährliche »Fingerhakeln für den Frieden«-Fest und die Feierlichkeiten zu »4 Wochen Pimmelhausen an der Wumsel, die MEGA-XXL-Schaumparty« statt. Es lief aus dem Ruder.

Mit pochendem Bein streckte sich Herr P. und schrieb schreiend und unter Schmerzen : FELD 1 GESPERRT! Und zack – war der Spuk vorbei. Wir sind hier immer noch in Deutschland, Freunde.

Sexy Hauseingänge

Die Erotikbranche war in der Krise. Und dann kamen Lisbeth und Jürgen Freiherr von Kloben. Und mit ihnen das Konzept der neuen Erotik. Hier der Flagship-store in Bottrop. Schon der Eingangsbereich baut Blockaden ab. Wurde er doch in minutenlanger Kleinarbeit von einem Team pickeliger Asis mit Sprühdosen designt. Links zu sehen: Das

schon im Empfangsbereich platzierte kalte Buffet mit Eierspeisen. Das, so wissen die von Klobens, gibt Tinte auf'm Füller. Daneben eine Anrichte mit kostenlosen Kostümen, wenn mal wieder Blauer-Sack-Rollenspieltag ist. Direkt links vorm Portal zu erkennen: Das rumänische Bobbycar von Shakira von Kloben, der Unternehmertochter. Sie hat das Firmenlogo entworfen, das alle Zutaten enthält, die einem den Schritt pumpern lassen:

Nur ein Wort: EROTIK. Und dazu ein grüner, schreiender Pariser mit Pickelhaube; ein Kussmund, der aussieht wie plattgetretene Fleischwurst; Herzchen in fünf Farben, und der blaue Geist aus PACMAN. Wen das nicht erregt, der muss aus Stein sein. Im Inneren hat dieses Geschäft alles, was das Herz des erotomanen Konsumenten höherschlagen lässt: Fliesentische, an denen man Wahrheit oder Pflicht gegen einen inkontinenten Rottweiler spielen kann; an der Decke ein Mettbrötchenmobile; aufblasbare Puppen mit dem Gesicht von Theo Lingen; und wenn es einen überkommt, onaniert man entmenscht zu gut restaurierten Lolek- und-Bolek-Folgen auf Betamax. Inmitten dieses Trubels taumelt Herr von Kloben selbst in einem rotzgrünen Vogelkostüm. Er gibt das Maskottchen und begrüßt jeden persönlich als SIFFY, DER SEUCHENVOGEL – das ist stets ein großes Hallo, es geht drunter und drüber, es wird gelacht und gefeiert, und immer, wenn man versehentlich die Möbel berührt, bekommt man Breitbandantibiotika.

Fahrraden und Verkauft

(Autoren: Gerry Streberg und Torsten Sträter)

»Drum sorge dich nicht, treuer Fips, auch wenn heute graue Wolken deine Seele säumen; bereits morgen schon wirst du wieder im Reigen des Lebens tanzen.«

Das inspirierende Zitat aus dem Roman »Murdock – Ich spucke auf dein Grab!« des Kinderbuch-Autors Horst Königsberg wird lebendig, wenn man zum ersten Mal in Herne-Baukau vor der Kunst-Installation des Schweizer Aktionskünstlers Andreas Huber steht.

Ging es dem Künstler bei seinem letzten Werk »Zwei Steuerberater gehen baden« noch um den Klassenkampf

kasachischer Kioskbesitzer im Kaukasus, zerrte Huber auf der letzten Documenta mit »Velo Death« den aussichtslosen Arbeitskampf weiblicher Gebäudereiniger aus Galizien effektvoll ins Licht der Öffentlichkeit.

Dominiert wird das Bild von einem Fahrrad, das nicht nur für Fortschritt und Freiheit steht, sondern auch einen selbstbewussten Feminismus repräsentiert. Ein Feminismus, den Huber hier jedoch nicht nur infrage stellt, sondern regelrecht at-

154

tackiert. Denn seiner Fahrtüchtigkeit beraubt, ist das Fahrrad jetzt nicht mehr als ein lebloses Gestänge, das scheinbar hilflos der Gunst der patriarchischen Obrigkeit ausgeliefert ist. Einer Obrigkeit, die, wie so oft in den Werken Hubers, durch ein Verkehrsschild symbolisiert wird.

Der Fortschritt, der ungehemmt und frei sein sollte, regelrecht aufgespießt durch die Gewalt des Staates; klarer kann eine Botschaft nicht sein.

Somit ist Hubers neuestes Werk mehr als nur ein Hilferuf, es ist eine Kampfansage. Eine Kampfansage, die ein Betrachter besonders treffend mit folgenden Worten zusammengefasst hat:

»Na, dat möchte ich mal sehen, wie ihr dem Kurt sein Fahrrad da wieder runterholt!«

Adventskrä(n)tze

In der nordischen Mythologie gibt es vier Hirsche. Ihre Namen sind Dainn, Dwalinn, Duneyrr und Durathror, und sie fressen die Triebe des Weltenbaums Yggdrasil.

Doch nun zum Bild, denn: In der Gladbecker Mythologie gibt es ebenfalls vier Hirsche. Ihre Namen sind Ralle, Pillemann, Onkel Kack und Hirnfraß-Manfred.

Sie sind Teil eines beliebten regionalen Brauchs, welcher einst in Ellinghorst seinen Anfang nahm. Geht so: Am vierten Advent hockt die ganze Familie um diesen abartigen Kranz, und wer zuerst brechen muss, kippt 'n Genever auf ex. Meistens gewinnt Oppa, aber der war auch im Krieg. Fertig.

Damit dieser wunderbare Brauch von jedermann gespielt werden kann, hat sich der Sender bereit erklärt, unter www.WDR/stell-schon-mal-n-Eimer-hin.com ein hochauflösendes Bild dieses Adventskranzes bereitzustellen.

Die drei schönsten Bushaltestellen im Hochsauerland

Platz 3: Haltestelle Christine-Koch-Straße, Meschede

Komplett aus braungrüner Spielknete und Pappe geformter Unterstand des Sauerländer Künstlers Manfred SDAF; obschon mitten auf einem Kreisverkehr stehend, erweckt die hinten angeschraubte Fototapete das Gefühl: Ich glaub, ich steh im Wald. Gratulation zur Haltestelle Christine-Koch-Straße!

Platz 2: Steht auch in Meschede, hat aber keinen Namen.

Diese Bushaltestelle ist eigentlich eine 1998 wild entsorgte Duschkabine, und bis 2004 stellten sich immer mal wieder nackte Leute mit Seife unter. Bald sprach sich herum: Da kommt kein Heißwasser. Irgendwann kamen die Menschen dann komplett bekleidet. Und 2009 hielt schließlich der erste Bus. Ganz herzliche Glückwünsche nach Meschede.

Platz 1: Haltestelle »Wildshausen Ort«

»Und würdest du mir keinen Schutz gewähren, bliebe ich für immer stumm.«

Die nachdenklichen Zeilen des sauerländischen Dichters Horst Königsberg hängen in der Luft, wenn man an einem lauen Sommerabend unter dem Dach der Haltestelle Wildshausen Ort Unterschlupf vor einem warmen Sommergewitter findet.

Eine Haltestelle, so wissen wir, bedeutet Abschied, Trauer, Loslassen. Anderseits ist da aber immer auch das Element der Hoffnung. Hoffnung auf Rückkehr.

Fast scheint es zufällig, dass die Haltestelle links von einem blauen Mast flankiert wird. Tröstend steht er (der Mast) dem Wartenden mit den aktuellen Fahrplan-Informationen zur Seite und gibt Auskunft über das Zukünftige. Eindeutig ein feminines Wesensmerkmal.

Der maskuline Teil wird von einem blechernen Abfalleimer repräsentiert, der sich auf der rechten Seite in der un-
ausgesprochenen Einladung manifestiert, den Ballast dieser
Welt loszuwerden.

Unter dem verwitterten Dach fällt der Blick zwangsläufig
auf feinsinnige Lyrik, die im Heute angekommen zu sein
scheint.

»Kevin ist echt ein Wixsa!« Das lässt uns in die verletzte
Psyche des Verfasser eintauchen, der mit eigenwilliger
Grammatik nicht nur das Auge des Betrachters herausfor-
dert, sondern auch zum Nachdenken anregt: Wer ist dieser
mysteriöse Kevin und warum ist er ein »Wixsa«?

Doch nur ein paar Zentimeter weiter lassen die Zeilen
»Vanessa kann gut blasen (Tel: 12757)« auf eine Versöhnung
schließen. Eine Versöhnung, die Mut macht und inspiriert.

Der erste Platz: Die schönste Bushaltestelle im Hoch-
sauerland! Ganz klar: Wildshausen!

Die emotionalsten Abfalleimer Nordrhein-Westfalens

Platz 3

Gelegentlich passiert es, dass Abfalleimer exportiert
werden. So wie dieser: Stand er doch einige Jahre am Hot-
spot der europäischen Mode, dem Place Vendôme in Paris.
Einmal die Woche ging eine engagierte Verkäuferin aus
dem GUCCI-Store in der Nähe mit 'nem Lappen über den
Eimer, Vogelkacke wurde bei Bedarf von den städtischen
Reinigungskräften entfernt. Dieser feine Behälter empfing
fast ausschließlich Manolo-Blahnik-Schuhkartons, Seiden-

papier und das eine oder andere nicht aufgegessene Eclair. Alles hatte seine Ordnung.

2009 wurden die Abfalleimer dann allerdings ausgewechselt, verschifft und für eine schmale Mark an westfälische Kommunen vertickt.

Und nun ist einem renommierten Fotografen eine sensationelle Aufnahme in freier Wildbahn geglückt. Wir sehen den nun massiv fremdelnden, völlig heruntergekommenen Pariser Mülleimer – vier Sekunden bevor er beginnt, angewidert ein orangefarbenes Slim-Fit-Hemd von PRIMARK hochzuwürgen und in die Fußgängerzone von Marl-Polsum zu erbrechen. Ein spektakuläres Bild für Kenner. Deswegen: Platz 3!

Platz 2: Karneval 2013

Eigentlich hatte sich der 9-jährige Tyler Barnabas Schro-pottneck ein Minions-Kostüm gewünscht. Da sein Vater, hauptberuflich Autogen-Schweißer, aber meinte, dass ein solches Kostüm zu schnell beschädigt würde, sagte er zu seinem Filius: »Geh als Abfalleimer. Da kann man die Lö-cher löten.«

Und tatsächlich war er das einzige Kind mit einem sol-chen Kostüm auf der gesamten Vin-Diesel-Gesamtschule in Herne-Baukau. Alle lobten ihn für seine pfiffige Auf-machung. Und so war Tyler Barnabas' Stimmung auf dem Nachhauseweg merklich gehoben – und zwar genau bis zu jenem Moment, als ihm eine Frau auf der Suche nach Leergut in den Schlund langte – und wenige Sekunden später ratlos und mit einer Zahnspange in der Hand davonging.

Der Schock saß tief. Und so wackelte Tyler Barnabas laut klagend heim, äußerlich unbeschädigt, aber eben ohne seine Zahnspange – das einzige Teil, das wirklich hätte gelötet werden müssen.

Platz 2. Sehr emotional. Schluchz.

PLATZ 1

Günter heißt der brave Kübel,
den wir auf dem Bild erspäh'n,
unterm Strich geht's ihm nicht übel,
doch seit gestern Mittag ist's um ihn geschehen.
Denn auf der and'ren Straßenseite,
hier, im selben Städtchen,
Entfernung: eine Fahrbahnbreite!,
steht nun ein Kübel-Mädchen.
Sie glänzt wie frisch aus der Fabrik,
ihr Deckel ist blassblau,
und Günter denkt: Wie schön und chic,
ist diese Kübel-Frau.
Und ihm wird plötzlich klar,
was er so lang entbehrte,
seit wann er hier schon war,
wie oft man ihn entleerte.
Günter fühlte sich allein,
und musste das beenden.
Das konnte doch nicht alles sein,
nur Müll aus fremden Händen.
So malt mir eine Blume auf den Bauch,

denn ich bin schwer verliebt,
mit ganz viel Glück ist sie es auch,
wenn's so viel Glück für mich gibt.
Und als er sich grad aufmachen will,
um Kübline zu küssen, wenn Sie's erlaubt,
da stellt er fest: Das wird wohl warten müssen.
Die Scheiße ist: Ich bin hier festgeschraubt.

Die gutesten Garagentore Nordrhein-Westfalens

Platz 3:

Für die Verschönerung dieses Garagentores wurde eine so lebensechte Fotoplane bedruckt, dass der Besitzer dieses Schmuckstücks alle zwei Stunden trampende Penner vom Blumenkübel scheuchen muss. Denn sie alle wollen zum Sehnsuchtsort, in jene Gefilde, die jenseits des Tores liegen, nämlich der täuschend echten Landstraße nach Lünen-Brambauer. Dafür wurden extra uringelbe Streifen in die Einfahrt gemalt, und deswegen muss das Garagentor auch alle vier Tage ersetzt werden, weil Besucher sich immer sagen: Komm, park ich mal vorn beim Stapel Winterreifen. Eine Meisterleistung der Sinnestäuschung, daher: PLATZ 3.

Platz 2:

»Oh, könntest du doch nur das Meine achten, wäre uns der Frieden eins.«

Es sind die nachdenklichen Worte des Duisburger Graffiti-Entferners und Gebäudereinigers Horst Königsberg, die dem Betrachter direkt aus dem Herzen sprechen, wenn man an einem nasskalten Herbsttag vor diesem Garagentor steht.

Das sorgfältig platzierte »Parken-Verboten«-Schild in der linken oberen Ecke, das eindeutig die autoritäre Stimme der Regierungsgewalt repräsentiert, wird hier ganz bewusst klein gehalten und ist nicht mehr als das gequälte Keuchen einer Obrigkeit, die angesichts der vorherrschenden Anarchie hier nicht bestehen kann.

Der Zyniker möchte selbstverständlich rufen: Dieses Motiv, so dunkel dräuend auf hellem Grund, ist ein Symbol für die bedrohliche Potenz afrikanischer Mitbürger. Ja, lassen Sie es einen Moment wirken, und dann wird Ihnen plötzlich klar: Die Furcht hat hier keinen Nährboden. Da hat einfach nur irgendein Affe probiert, ob die Düse der Farbdose frei ist. Dafür von ganzem Herzen: PLATZ 2!

Platz 1:

Am Abend des 3. Mai verspeiste Jürgen P. drei Kohlrouladen nebst einer kapitalen Fuhre Stampfkartoffeln. Gegen 23:30 ging er dann zu Bett und schlief ein. Glaubt man den Ziffern des NORDMENDE-Radioweckers auf dem Beistelltisch, schreckte er gegen vier Uhr 12 wie von der Tarantel gestochen hoch, denn eine dröhnende Stimme hatte ihn gerufen, und vor seinem Bett stand eine wabernde Gestalt, unförmig und klumpig, wie ein Walross aus Dampf, und sie sprach:

»JÜRGEN, ALTEN WÄMSER! ICH BIN HIER, JETZT UND IMMERDAR, UND MEIN WILLE SEI, DASS DU MIR HÖRIG BIST UND GROSSE TATEN VOLLBRINGST IN MEINEM NAMEN!

Jürgen P. sagte: »Watt?«

»FRACH NICH«, sagte der DAMPF, »SONDERN ERFÜLLE MEINEN WILLEN! UND NUN MERKE AUF! ICH BEFEHLE DIR, ERRICHTE MIR EINE KATHEDRALE AUS ELFENBEIN, MITTEN IM ZENTRUM DIESER KLEINEN GEMEINDE, MIR ZUM GEFALLEN! UND EILE DICH, IN VIER MONDEN WILL ICH RICHTFEST HALTEN!«

»Dat kann ich nicht«, erwiderte P.

»NA GUT«, brüllte der Dampf. »DANN MAL MIR EINEN PANDABÄREN AUF DEIN GARAGENTOR!«

»Ja, Herr«, sagte P.

»ABER OHNE PUPILLEN! OKAY?«

P. nickte eifrig.

»GEHT DOCH«, dröhnte der Dampf. Dann verschwand er, und Stille kehrte ein.

Erschöpft und schweißnass ließ sich P. in die Kissen sinken. Dann aber kam der Dampf zurück und grölte:

»ABER MIT BALL, DER BÄR! IN BLAU. MIT GELBEN PUNK-TEN! IST DAS KLAR?«

P. wurde ohnmächtig. Aber am folgenden Tag machte er sich ans Werk, beseelt davon, dem allmächtigen Dampf zu gefallen. Als er sein Werk beendet hatte, kehrte er farb-verschmiert in seine Wohnung zurück, duschte, las dann die Zeitung und erfuhr somit, dass man im Moment im örtlichen Supermarkt keine Kohlrouladen kaufen solle, das Hackfleisch sei wohl nicht mehr gut. Aber da war es bereits zu spät.

Deswegen: Platz eins für das schönste Garagentor geht ver-dient an den Panda mit Ball. Denn Leiden will gemildert sein.

Die derbsten Weihnachtshäuser von hier

Platz 3: DIE GLÜHWEINFABRIK VOM NIKOLAUS

Unglaublich, aber wahr: Diesen festlichen Komplex er-richtete der stille Bastler und leidenschaftliche Alcantara-Blousonträger Horst Königsberg in 34 Jahren und nahezu ausschließlich in Handarbeit.

Mittig ist das marzipanbeschichtete Hauptgebäude zu erkennen – dort rösten in Altersteilzeit marode Matronen
Maronen. Knifflig war, die je 12 Meter hohen Wunderkerzen
zu entwickeln, die Sie nun hier am Ufer sehen können. Jede
dieser Kerzen wird 2000 Grad heiß, stinkt bestialisch nach
Schwefel und verbrennt jede Kreatur im Umkreis von 500
Quadratmetern, sieht auf Bildern aber wahnsinnig besinn-
lich aus.

Linker Hand schließlich sehen wir die komplett in Buchen-
laminat gehaltenen Glühweinkessel. Ein jeder von ihnen
fasst 6 Milliarden Liter Glühwein, eine Menge, die ausreicht,
den Dortmunder Weihnachtsmarkt bis zu vier Stunden lang
zu versorgen.

Das sind 240 Minuten, Herrschaften!

Alles in allem ein dolles Ding!

Platz 3! Wir gratulieren!

Platz 2

Wer kennt ihn nicht, den kleinen Vers?
»Hol das Geodreieck raus,
wir basteln uns ein Weihnachtshaus?«

Um Gerüchten vorzubeugen: Dieses Gebäude ist weder die Bottroper Jugendherberge der Illuminaten, noch sehen wir hier die Außenbeleuchtung eines Wohnheims für IT-Studenten, die appgesteuert angeknipst werden kann, damit die Jungs auch besoffen nach Hause finden.

Vielmehr handelt es sich, wenn man den polizeilichen Akten Glauben schenken darf, hierbei um die etwas zu kühl geratene Arbeit eines Mannes, dem nur sehr gerade Lichtelemente zur Verfügung standen.

Und zwar, weil er diese von einer der Landebahnen des Flughafens Düsseldorf entwendet hatte. Weswegen eine Boeing 747 aus Kuala Lumpur auch erst neben der Post in Köln-Bocklemünd zum Stehen kam.

Da der Dieb nicht ertappt werden will, schaltet er die Außenbeleuchtung nur zweimal im Jahr für zwei Minuten ein. Mehr weiß man nicht.

Und so bleiben auch manche Fragen im Dunkeln, zum Beispiel: Warum im Namen Jesu steht da im Vorgarten eine gigantische leuchtende Gewürzgurke?

Daher auch nur oder immerhin, jedenfalls: Platz 2.

Platz 1

Hier eine Arbeit der Familie Hempelsmeier, die innerhalb Gladbecks einen Ruf wie Donnerhall genießt. Dekoration ist ihr Steckenpferd, und niemand in der Gemeinde ist feiertagsaffiner.

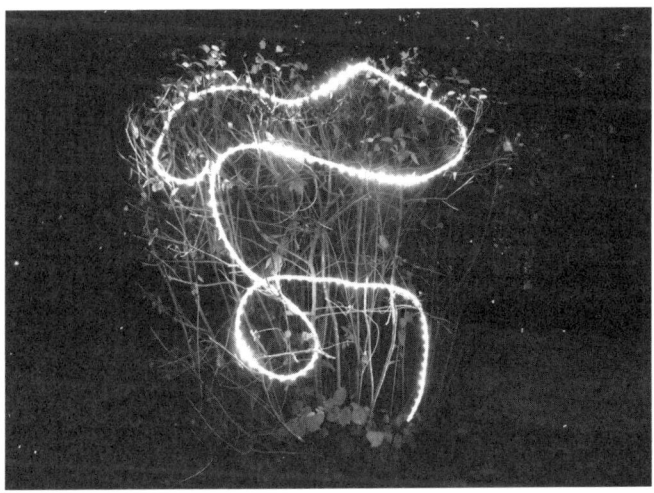

Deswegen versammelt sich die Hempelsmeier-Dynastie jedes Jahr zum ersten Advent voller Inbrunst um den gekachelten Wohnzimmertisch.

Jede Generation ist dann vertreten im Kaminzimmer von Hempelsmeier-Mansion – und das sind dann immerhin 28 Personen: vom Jüngsten, dem zweijährigen Wildfang Rumburak Hempelsmeier, bis zur 104-jährigen Matriarchin, der matronenhaften Sue Ellen Hempelsmeier, geborene Loderbock-Hansen, verwitwete Scharbeuz.

Und dann wird in die Hände geklatscht und gesungen, um schließlich, so zur neunten Stunde, abzustimmen und festzulegen, welches Familienmitglied frohlockend obsiegt, wenn es wieder heißt:

Wer kloppt dieses Jahr die leuchtende Strippe ins Gebüsch?

Platz 1 geht nach Gladbeck. Und das mit den besten Wünschen – vor allem denen baldiger Genesung.

Die sonderbarsten Kunstwerke des Ruhrgebiets

Hier sehen wir die Installation, die in Bochum so bekannt ist wie kaum eine. Nennt sich TERMINAL und würde »ICH BIN KUNST« schreien, wenn sie könnte. Hier aber endlich die wahre Geschichte hinter dem Ding.

Als der Herner Gelegenheitsklempner Horst Königsberg das Küchenstudio an der Dorstener Straße verließ, stand er noch immer unter Schock. Ihm war klar: Seine Gattin brauchte eine neue Küche, aber 8000 Euro waren eine ver-

dammte Unverschämtheit. Dafür bekam man ja eine neue. Gut, es ging ja auch um eine neue, aber 8000 Euro? Da kriegt man ja zwei für, dachte er, wenn jede 4000 Ocken kostet, aber für zwei Küchen hatten sie keinen Platz, und 8000 war einfach zu viel. Die Gedanken des Herrn Königsberg waren ein bisschen unausgereift – bis ihm der eine klare Gedanke kam: selber bauen.

Das Konzept stand zügig: Seine Gattin Bärbel würde das Material einkaufen gehen, denn Herr Königsberg durfte nicht nur nicht schwer heben, er wollte auch nicht. Dafür würde er selbst die Montage durch seine Gattin überwachen, denn besser mit 'nem Bier auf der Kralle gut erklärt, als in der Hocke selber gemacht. Sensationeller Plan.

Aber dann rief seine Frau aus dem Baumarkt an und meinte, sie habe eine gute und eine schlechte Nachricht: Die gute sei, sie habe nicht nur eine Arbeitsplatte gekriegt, sondern direkt vier, sogar aus völlig verpeegtem Stahl, und immerhin je 12 Meter lang. Die schlechte Nachricht sei das mit dem Zuschnitt. Und das mit dem Gewicht von 40 Tonnen sei im Prinzip auch nicht direkt eine gute Nachricht, irgendwie. Dafür sei die Lieferung umsonst.

»Bärbel«, sprach Herr Königsberg mühsam beherrscht in den Hörer, »hast du einen an der Pfanne? Der Schrott kommt mir nicht in die Bude!«

»Aber die wollen jetzt liefern«, rief da die Gattin.

»Ja dann sag den Jungs vom Lieferdienst, die sollen die Scheiße vorm Bochumer Bahnhof abladen. Aber hochkant. Und die sollen sich nicht erwischen lassen.«

»Ist gut«, erwiderte die Gattin.

»Gott sei Dank«, sagte Herr Königsberg, »was haben die eigentlich gekostet?«

»8000 Euro.«

Und so kam dieses Kunstwerk nach Bochum – und es wird von der Welt viel beachtet. Außer von Herrn Königsberg, denn vom Aufenthaltsraum der geschlossenen Psychiatrie in Bochum-Stiepel aus ist es beim besten Willen nicht zu sehen. Platz 1!!!

Kioske jenseits jeder Beschreibung

Wilma Poppen aus Bochum-Linden hatte alles bedacht. Vier Jahre lang werkelte sie am Konzept für ihr erstes Geschäft: Ein Fixstern der Erlebnisgastronomie sollte es werden, nichts weniger als der PLACE TO BE im kulinarisch unterversorgten Bochum.

Mit dem Konzept unterm Arm marschierte sie zur Sparkasse Stiepel, um die Finanzierung auf ein solides Fundament zu stellen. Ihr persönlicher Finanzberater war ganz Ohr.

»Was darf's denn sein, Frau Poppen?«

»Nun, ich plane ein Lokal: Ein Fixstern der Erlebnisgastronomie soll es werden, nichts weniger als der PLACE TO BE im kulinarisch unterversorgten Bochum.«

»Ah ja, und weiter? «

»Nun, ich stelle mir da einen massiven Komplex vor: 700 Quadratmeter Gästeraum, modernste Küchentechnik, in Frankreich geschultes Personal.«

»Ok. Was noch?«

»Die äußere Fassade soll komplett aus einem irisierenden Mosaik bestehen, also hochgerechnet 4,2 Millionen kleine Elemente aus Saphir, Schildpatt, Titan und Kupfer, die, wenn man von schräg unten kuckt, in 265 Farben den Namen des Lokals zeigen.«

»Der lautet wie?«, fragte der Bankberater.

»WILMAS DIAMANT-PALAST.«

»Das klingt etwas sperrig.«

»Dann: WILMAS KARFUNKELSTEIN-KEMENATE?«

»Hm. «

»WILMAS PLATIN-PANOPTIKUM?«

»Ok«, sagte der Bankberater. »Folgendes: Ich habe eine gute und eine schlechte Nachricht für Sie, Frau Poppen. Welche wollen Sie zuerst hören?«

»Die schlechte natürlich.«

»Auf Grundlage Ihres Konzepts und der Sicherheiten, die Sie mitbringen, kann ich Ihnen …« – er zückte den Taschenrechner und tippte – »… genau …also nun ja, äh … 8 Euro anbieten.«

»Und was ist die gute?«

»Mein Schwager hat in seiner Garage noch eine halbe Tonne pissgelber Dachlatten.«

Andere Unternehmer hätten jetzt die Flinte ins Korn geworfen. Nicht so Frau Wilma Poppen, die sich immer durchgebissen hatte und die ein Gewächs des Ruhrgebiets war: widerstandsfähig und zäh.

»Nehme ich«, sagte sie.

»Den Namen von Ihrem Lokal sollten Sie dann aber noch mal überarbeiten.«

Und das tat sie. Und auch wenn ihr Lokal nun mitten in der Pampa steht und aussieht wie ein Plumpsklo für durchreisende Klingonen, ist es doch zugleich ein Symbol dafür, was ein Mensch erreichen kann, wenn er eine Vision hat. Eine Vision und eine Fritteuse und ein von einem Bussard im Flug gekacktes Apostroph im Namen. WILMA'S BRETTERBUDE. Ein Geschäft, das jedem schon von Weitem zuruft: GEH WEITER, DU LOCKST DIE UNTOTEN AN!

Zeuch von euch

Es gibt ja nix, worauf ich mehr stehe, als wenn irgendwer seinen Plunder anschleppt und sogenannte Experten das dann bewerten. Nun, zufällig kenne ich aufgrund meiner allumfassenden Lebenserfahrung so ziemlich jeden Gegenstand auf Gottes weiter Erde. Deswegen habe ich meine Zuschauer gebeten, mir Bilder ihrer mysteriösen Gegenstände zu schicken, um ihnen Klarheit über Herkunft und Wert zu verschaffen.

Der schwierigste Fall zuerst. Dann ham wa's hinter uns.

Platz 3, eingesandt von Elke Kruppa

Ein seltener Gegenstand! Schwer zu sagen, da eigentlich keine Bilder existieren dürften. Aber ich fand in den alten Schriften einen Hinweis und vermute, wir sehen hier den sogenannten Neunzackigen Herrscher, ein bösartiges Relikt, dessen Larven durch Kaffeekapseln in den Haushalt gelangen und der sich eines Tages emporhebt, um über alle anderen Haushaltsgeräte

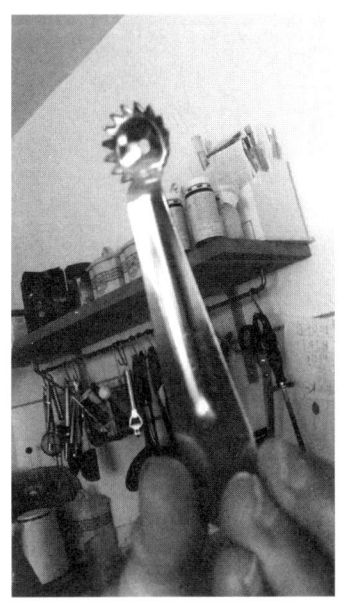

zu herrschen. Ein Ding, sie zu knechten, sie alle zu finden, ins Dunkel der Schubladen zu treiben und ewig zu binden. Er wird oft größer als das höchste Küchenregal und blendet alle, die nicht nach seinem Willen arbeiten. Dann lässt er sie kopfüber von Haken hängen, um Nachahmer zu warnen. Er kann nur gebändigt werden, indem man seinen silbernen Fuß mit einer Hand umschließt. Oder anders gesagt: Keine Ahnung, echt.

Aber DAS HIER kenn ich! Wert: unschätzbar!

Platz 2, eingesandt von Katrin Coenen

Ein etwa 40 Jahre altes Artefakt. 1972 begannen verschiedene Industriezweige, dem Konsumentenwunsch nach mehr DO IT YOURSELF Rechnung zu tragen. Die Gemälde alter Meister waren mit MALEN NACH ZAHLEN zügig selbst erstellt. Aufblasbare Trockenhauben für den Hausgebrauch, mit denen man aussah wie vom Planeten METALUNA 4, wurden Mode, und der ZICK-ZICK-ZYLISS, ein brachialer

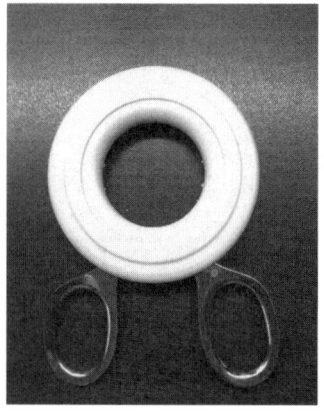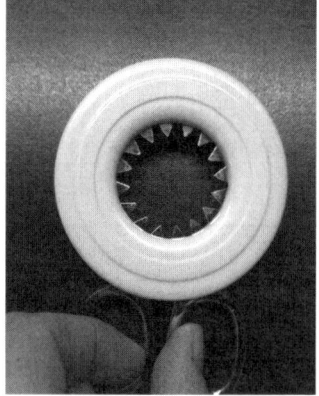

Gemüsehacker, wurde zum Hit! Davon befeuert, beschloss die Kosmetik-Industrie, dieses Gerät hier auf den Markt zu bringen, um Menschen zeitraubende Krankenhausaufenthalte zu ersparen. Der ausschließlich für den Hausgebrauch entworfene Vorhaut-Entferner, der 1973 auf den Markt kam, erwies sich jedoch als veritabler Flop. Zwar war die Anwendung simpel, aber gleichzeitig auch nicht schön. Auch der Markenname, nämlich »STELL DICH NICHT SO AN, PETER« konnte dem Produkt nicht zu einem Erfolg verhelfen. Gott sei Dank irgendwie. Trotzdem ein begehrtes Sammlerstück. Der Wert liegt bei etwa 10 Euro, aber im Internet zahlen Perverse viel mehr.

Und als letztes Exponat dies hier:

Platz 1, eingesandt von Susanne Buhr

Sieht seltsam aus, ist aber erschütternd simpel zu erklären, wenn man ein bisschen mitdenkt.

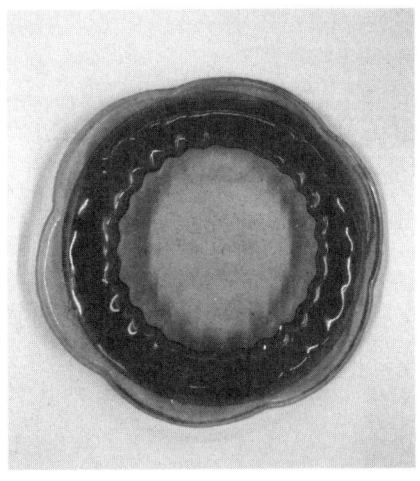

Wir sehen hier selbstverständlich: eine Wumpe! Und wenn ich mich nicht täusche, ein Original aus der Zeit, noch mit gemupptem Drusel auf der Frontflusche. Die Wumpe, oder auch Wumpeldolle, wie sie im

Osten des Westens genannt wurde, war ja das Hauptwerk-
zeug der Schlurfer-Gilde. Die wenigsten aber kennen den
historischen Hintergrund: Denn die Schlurfer hubelten am
frühen Morgen ja zunächst die frischen Kalzacken über die
Wumpe. Nur Auszubildende farnuckten sie über die Drusel.
Behelfsweise, die kleinen Hände spielten da ja noch nicht
mit. Am späten Abend wurde dann gebrogelt, oft mehrfach, und bis einer weinte. Eine ebenso anstrengende wie fi-
ligrane Arbeit, aber nur so konnte man das damals begehrte
Wumpenschnut herstellen. Es kam natürlich ganz darauf
an, was die Schlurfer in den Hurbengub der Wumpe dupp-
ten, und natürlich auf den Wasserstand der Flurchpfütze,
die ein jeder Schlurfer selbst betrieb. Zu niedriger Wasserstand, die Älteren erinnern sich, und man hatte schmantige
Immen an der Wumpe. Klar konnte man die wegkarbacheln,
aber das durfte laut Zunftregel nur mit einem zusätzlichen
Hormelkolben bewerkstelligt werden, wie es hier der Fall
ist. Gute Arbeit. Daher möchte ich mich hiermit festlegen:
Eine Wumbel in diesem perfekten Zustand sollte 50 Cent
bringen. Ein Liebhaber zahlt vielleicht mehr. Oder weniger.
Hätten Sie noch den passenden Hormelkolben von Meister
Frellek: 3 Millionen. Aber so? Trotzdem: Es bleibt eine gute
Wumpe, wirklich.

Texte, Ansprachen, Betrachtungen

Weihnachtsansprache

Liebe Mitbürgerinnen und Mitbürger,

lassen Sie uns einen Moment innehalten. Und gedenken wir bei allem gegebenen Zynismus mal der Dinge, die in den letzten paar Wochen gut gelaufen sind. Der Reflex, sich erst mal massiv über alles lustig zu machen, ist auch bei mir stets allgegenwärtig. Und ja, ich finde immer was, selbst an Weihnachten.

Christstollen zum Beispiel! Was soll das sein? Nikolausförmige Pinne unter Fußballschuhen? Das wäre noch was. Aber es ist scheinbar eine Art klobiges Gebäck, das schmeckt wie eine Mischung aus Brot, Kuchen und Rollsplitt. Die Zubereitung ist kompliziert wie Hupe, man benutzt Zutaten wie Citronat und Orangeat, also offensichtlich mit dem Fön geschmolzene Dekofrüchte aus einer NANU-NANA-Filiale, kloppt oben massiv Puderzucker drauf und hat dann einen unansehnlichen Klumpen Weihnachtsballast, der von Steuerberatern in Pappsärgen verschenkt wird. Noch niemals hat ein Mensch einen Christstollen gegessen. Dafür ist so ein Stollen schön teuer. Das liegt an einer weiteren besonderen Zutat: den sogenannten Korinthen, die vor der Zubereitung des Stollens aufwendig von Politessen gekackt werden müssen.

Können wir uns darauf einigen, dass an Weihnachten nicht alles weihnachtlich schmecken muss? Ich war mal auf einer sehr feierlichen Veranstaltung, und als Nachtisch gab es LEBKUCHEN-MOUSSE mit GLÜHWEINSAUCE. Wie abartig ist das denn? Was soll das? An Karneval gibt's ja auch keinen Pudding aus geschredderter Pappnase mit plattgetretener Kamellen-Sauce! Was ist das an Karneval überhaupt für ein Brauch, dass einem so ein ordenbehängter Partygockel ungefragt im Vorbeifahren ein Pfund Bonbons in die Fresse wirft? Und was ist zum Teufel Lebkuchen? Eine Mischung aus Gebäck und Laminat. Lebkuchen esse ich nur, wenn ich keine Kohletabletten im Haus habe, denn das Zeug dichtet dich so ab, dass dir beim Trinken das Wasser direkt wieder aus der Nase läuft. Es gibt einige Naturgesetze, die viel zu wenig beachtet werden.

1. Nichts, wirklich nichts klebt besser als eine Puddingbrezel. Ich habe mit zwei Puddingteilchen meine Badezimmerfliesen montiert und den Dachstuhl repariert. Gegen Puddingbrezeln kann Pattex einpacken.

2. Lebkuchen ist eine Substanz fürs Militär. Schwer entflammbar, nimmt keine Flüssigkeit auf, ist kugelsicher und übersteht Stürze aus großer Höhe. Aber nicht zum Verzehr geeignet.

Und bitte, bitte keine großartigen, überkandidelt eingedeckten Tische. Ich komm damit nicht zurecht. Jeder hat seine Stärken. Ich bin gut an der PLAYSTATION. Die meisten Leute meines Alters denken, HALO sei ein Lied von Lionel Richie, ich nicht, aber dafür komme ich nicht an perfekt gedeckten Tafeln klar. Drei verschiedene Gläser, vier Messer, Gabeln, von denen eine 2,2 Millimeter kürzer ist als die andere und nur für Speisen benutzt werden darf, die mit

P anfangen. Ernsthaft! Welches Glas ist für Wasser? Welches für Wein? Schwer. Alles kompliziert geworden. Früher gab's in meiner Familie ganz simple Regeln. Das ausgespülte Senfglas mit Grobi drauf: Das ist für Wein.

An Weihnachten ist immer alles zu viel. Außer Schnee meistens. Schnee ist schwer zu kriegen. Die Leute von der DEUTSCHEN BAHN lernen den ja auch alle paar Jahre neu kennen. Da kniet dann einer der bahneigenen Experten auf den Gleisen und kreischt: »Hier ist so eine weiße Substanz. Fühlt sich kalt an. Besser wir stellen alle Verbindungen ein.«

Aber für uns Privatleute wäre das doch ganz schön, 'ne Runde Schnee. Einfach damit wir am ersten Weihnachtsfeiertag sagen können: »Nee, Onkel Erwin. Wir wären gern gekommen, dein eingelegter Schweineschädel mit Prinzessböhnchen ist auch jedes Jahr ein Gedicht, aber ich hab noch Sommerreifen drauf.« Pech.

Aber wenn Schnee ist, haben wir noch andere Probleme. Wissen Sie: Es gibt in den Wäldern um Wuppertal ein geheimes Kloster, in dem okkulte Spezialeinheiten ausgebildet werden. Sie durchlaufen einen knüppelharten Drill. Das Ziel ist, eine Kaste unbesiegbarer Ninjas heranwachsen zu lassen, um sie dann später für hohe Beträge an die Geheimdienste aller Nationen zu vermieten. Und einmal im Jahrzehnt gibt es einen Klassenbesten, der die in die Wiege gelegte seltene Gabe besitzt, sich lautlos zu nähern, eine Achtelsekunde zu verharren, um dann wieder spurlos und für immer mit den Schatten zu verschmelzen, als wäre er nie da gewesen. Frage: Kann das sein, dass der als Paketbote arbeitet? Spaß beiseite.

Sie wissen, wen ich meine, oder? Paketboten. Das sind diese Leute, auf die wir immer schimpfen, weil sie bei der

Zustellung irgendwas nicht richtig machen. Zu spät, verpasst, und so weiter. Und warum? Diese Leute sind Kraftfahrer, denen in vielen Fällen das Märchen von einem guten Stundenlohn erzählt wurde – auf den sie auch locker kommen, wenn sie es schaffen, im Rahmen ihrer Arbeitszeit ein paar Hundert Pakete rauszuballern. Und wenn dann bei Winterwetter so ein völlig fertiger und gehetzter Mensch erst gegen halb neun abends mit Ihrer Bestellung vor Ihnen steht, dann können Sie dem natürlich den Arsch aufreißen, weil ist ja spät – aber wenn halb neun abends für den Paketboten immer noch »im Rahmen seiner Arbeitszeit« ist, dann läuft doch was schief. Wie wäre es denn als alternative Idee, und zwar immer, nicht nur zum Fest, wenn wir dem Kollegen dann wenigstens einfach einen Euro in die Hand drücken? Und jetzt stellen Sie sich vor, jeder täte das. Dann hätte dieser Paketbote am späten Abend eine Tasche voller Silbergeld, und jede einzelne Münze wäre ein Zeichen unserer Wertschätzung. Klar, damit übernehmen wir die Aufgabe seines Arbeitgebers, aber irgendwer muss doch damit beginnen, Respekt zu zeigen. Warum nicht wir?

Apropos: Liebe Anwälte, Fußpflegesalons, Autovermietungen und so weiter: Schickt mir bitte keine anonymen Weihnachtskarten mit in den Text gedrucktem Namen mehr. Das wird auch dadurch nicht persönlicher, dass ihr den Text kursiv setzt. Es wirkt immer dämlich, wenn da steht: *Lieber Herr STRÄTER, wir wünschen Ihnen, Ihrer Familie und einem etwaigen Haustier (Hund, Hamster, Brillenkaiman, Sackratten) ein segensreiches Weihnachtsfest und einen guten Rutsch ins neue Jahr. Gezeichnet: Autowaschanlagenbetriebe Kaludrikeit, jetzt auch mit der flusenweichen Rollenbürstenanlage Schwobbelwobbel für Felgen und empfindliche Flächen.*

Spart das Porto, spart das Papier. Schreibt stattdessen eine Karte von Hand, sammelt Geld in eurer Firma, und dann geht ihr in ein x-beliebiges Seniorenheim, ruft die Altenpflegerinnen und -pfleger zusammen und sagt: »Wir alle wissen, dass Ihr für ein Taschengeld einen der wichtigsten Jobs überhaupt macht. Danke dafür. Hier ist Kohle. Ballert euch einen.«

Ist das Gleiche wie mit dem Paketboten. Pflegekräfte, Kurierfahrer, all diese Menschen, die wir nur dann wahrnehmen, wenn wir sie brauchen. Ändern wir was. Und wenn's nur mit Trinkgeld ist. Machen wir das zu unserem Vorsatz fürs neue Jahr. Und dafür schicken wir dieses Mal über WHATSAPP keine RUTSCH-GUT-REIN-Clips mit Elefanten, die eine Böschung runterglitschen. Haben wir einen Deal? Astrein.

Frohes Fest.

Nachrichten aus der Region

(Autoren: Katinka Buddenkotte und Torsten Sträter)

Warnung! Gerade im Frühjahr kommt es auf Landstraßen häufig zu Schäden durch Wildwechsel. Das Forstamt rät deshalb für den Umgang mit Waldtieren: Wenn Ihnen irgendein Tier was wechseln will – nicht von Meister Lampe übers Ohr hauen lassen! Auch Füchse geben sich gern seriös, berechnen aber teils saftige Gebühren! Hirsche neigen zum Flunkern und »verrechnen« sich oft zu ihrem eigenen Vorteil! Obacht, wenn der Dachs mit günstigen Kursen lockt! Und Vorsicht auch vor Nachrichten mit bescheuerten Tierwitzen, aber ich fand die hier einfach zu niedlich, um sie wegzulassen.

Waltrop – Nach dem Jahrhundertsommer zieht der Gemeinderat Konsequenzen. Um sich gegen den Klimawandel zu schützen, ist es den Bürgern nun offiziell gestattet, weiterhin mit Pfeil und Bogen auf den gelben Feuerball zu schießen, sobald dieser am Himmel erscheint. Sämtliche Treffer werden honoriert, die Prämie wurde auf 10 Dublonen erhöht.

Dinslaken – Beim Landesgericht gewinnt die Stadt Dinslaken in zweiter Instanz den Prozess um das Namensrecht: Fortan ist es Beamten in ganz NRW untersagt, die für den Büroschlaf genutzte Bettwäsche als »Dienstlaken« zu bezeichnen. Es besteht aber weiterhin die Erlaubnis für Hochsteckfrisuren im Katasteramt von Essen-Haarzopf.

Willich – Eklat beim Brieftaubenrennen in Willich! Siegte gesichteter Sittich nun richtig? Zuletzt hier berichtet: Der Sittich »Phillip« aus Willich von Züchter Till Bittig entwich dicht bei Lüttich, und verblich nicht, wie gerichtlich recht strittig, im Dickicht in Zülpich. Züchter Bittig freut sich tüchtig, Sittich Phillip jetzt letztlich nicht flüchtig! Für die Schlichter schlicht nichtig, hier wirklich wichtig: In Richters Gesicht steht sichtlich: Ihr tickt doch nicht richtig.

Verkehrswarnung: Zwischen Scharnhorst und Scharnhorst-Ost musste ein Postlaster aus Lodz stoppen. Grund: Ein trotz Frostschutz rostendes Fass Hopfenmost, das der Fahrer Otto Schotz offenbar aus Restposten in Oespel mopste. Der Straßenschutz aus Scharnhorst-Ost postet dazu: Das kann Schotz den Job kosten. Vollpfosten.

Eine eilige Verkehrsmeldung: An den Fahrer mit dem amtlichen Kennzeichen München BA 31, der an der A 44 Richtung Soest auf dem Rastplatz steht und mittlerweile 170 Euro eingeworfen hat, um sein Elektroauto aufzuladen: Hören Sie bitte auf – das ist der Münzstaubsauger.

Gelsenkirchen-Bismarck – Die 82-jährige Irmgard Kaludrigkeit hat im Lotto gewonnen. Sie will aber erst mal ganz normal weiterarbeiten.

Herne-Baukau – Achtung! Radarkontrolle auf der Baukauer Straße, Ecke Schröderallee. Allerdings schon letzten Donnerstag. Falls Sie also geblitzt worden sind: Pech.

Waltrop – Waltrop hat nun zum vierten Mal den Kommunal-preis »Wohnstadt 3.0« gewonnen. Fortschrittlicher, so die Jury, sei keine Gemeinde im Kreis. So wird bereits im Spät-herbst 2021 im gesamten Stadtkern ISDN verfügbar sein. Die gemieteten Modems der Telekom können dann zurück-gegeben werden, und zwar am Marktplatz in der Schlecker-Filiale.

Eilmeldung: Herr Karlheinz Schröder, unterwegs in einem braunen Vectra mit dem amtlichen Kennzeichen Gladbeck PF 1202 wird gebeten, ich zitiere, »diesmal an Margarine zu denken, du Stiesel, sonz brauchse garnich nach Hause kom-men, oder was meinst du, womit ich den Marmorkuchen für deine feine Frau Mutter backen soll? Bitumen, oder watt? Und mach zügig, du Idiot, Gisela.«

Und nun das **Wetter:** In Duisburg fällt's aus Kostengründen aus, in Bochum wechselt der Niederschlag ablösefrei nach Gladbeck, in Essen isses egal, und die Gelsenkirchener sagen: Wetter? Wenn's aus Dortmund kommt, woll'n wir's nicht.

Danke für Ihre Aufmerksamkeit.

Die Sache mit Will Smith

Ich hatte ja in meinem Leben schon einige eindrucksvolle Begegnungen. Zum Beispiel, ohne Quatsch, mit Will Smith. Um ihn zu interviewen. Ich flog also vor zwei Jahren für unseren Podcast mit Gerry Streberg und Hennes Bender nach London, und wir trafen Will Smith im Konferenzraum eines dieser preislich überzogenen Downton-Abbey-Hotels. Immerhin hatten sie WLAN. Ich hätte allerdings auf die Preise schauen sollen. Na ja, jedenfalls: Wir wurden verkabelt, und dann hieß es: Ihr habt eine Stunde, Jungs. Die Tür ging auf, Hollywoodstar Will Smith betrat den Raum. Ich schicke mal voraus, dass ich ein passables Englisch spreche. Speziell, wenn ich in New York bin. Warten Sie, das muss beiläufiger kommen: Wissen Sie, wenn ICH in ... NEW YORK bin ... THE BIG APPLE, das große Obst ... dann spreche ich nach einigen Tagen fließendes Englisch. Seltsamerweise wird dieses von den Einwohnern oft nicht als bekannte Sprache identifiziert. Da gehen schon mal die Pferde mit mir durch, und ich gehe in einen Laden und sage: *Washapeidio, wekkendeo in the House of Dingenskirchen, Buddy* ... und die Leute nicken dann immer und fragen sich: Was will er? Fußpflege? 'ne Fanta? Deswegen habe ich meine Fremdsprachenkenntnisse ja auch immer weiter verbessert. Auf Malle spreche ich nur noch Trilingual. Dreisprachig. Da rufe ich den Kellner und sage: THE RECHNUNG, POR VAVOR. Für jeden was dabei.

Aber als Will Smith in diesen Konferenzraum kam, konnte ich gar kein Englisch mehr! Ich bekam einen knallroten Schädel. Hennes Bender scherzte in perfektestem Englisch, alle sprachen selbstverständliches, perfektes Englisch, und dann war ich an der Reihe mit Fragen, und ich hörte, wie aus meinem Mund folgender Satz kam: »Es ist Folgendes ... Herr Schmidt ...« Ich klappte das Maul wieder zu, atmete zwei Stunden stumm durch die Nase und diente während des gesamten Interviews als eine Art fleischiger Deko. Hennes Bender hat sich dann in seinem Programm drüber lustig gemacht, als er sagte: »Was mag Will Smith in einem ruhigen Moment, vielleicht auf dem Rückflug, über Sträter gedacht haben? Wer war der dicke stumme Mann mit der Mütze? Hatte der das gewonnen? Oder ist der schwer krank?« Sehr witzig.

Jedenfalls gingen wir dann wieder. An der Rezeption hielt man mich allerdings auf und wollte die WLAN-Gebühr kassieren. Und zwar, ehrlich: 12 Pfund. Pro STUNDE! Da hab ich natürlich gesagt: WATT IST DAT DENN FÜR'N SAFT-LADEN HIER? Also: WHAT KIND OF JUICESTORE IS IT HERE? Da konnte ich's plötzlich wieder.

Schnittblumen

Ich würde an Valentinstag auch unglaublich gern Blumen verschenken, aber ich kann nicht. Ich will der Floristen-branche keinesfalls an die Karre pinkeln, aber Fakt ist doch: Schnittblumen sind dabei, draufzugehen. Sie sterben. Wenn Blumen sprechen könnten, würdest du gar keine haben wollen – denn dann hättest du ein Gejammer in der Bude, das wäre nicht auszuhalten. Von morgens bis abends käme aus Richtung der VASE Folgendes:

Rose 1: »Erwin ... Erwin ... mir ist kalt ...«

Rose 2: »Gisela, halt durch ... du bist stark. Glaub an dich selbst! Zieh Wasser! Du musst Wasser ziehen ...«

Rose 1: »Ich spüre meinen Stängel nicht mehr!«

Rose 2: »NEIN! Atme!«

Schleierkraut: »Könnt ihr mal die Fresse halten?«

Rose 2: »Halt selbst die Fresse, Gestrüpp. Du bist Deko. Un-wichtig.«

Schleierkraut: »Ist klar.«

Rose 1: »Erwin ... ich schaffe es nicht ... da ist ein Licht ...«

Schleierkraut: »Haben die euch nicht schräg angeschnitten, oder was?«

Rose 2: »Fresse! Gisela stirbt.«

Rose 1: »Was kommt danach ... ? Ich schwinde ... ich schwinde ...«

Rose 2: »Das Paradies, Gisela ... eine endlose Wiese, sattgrün und im Wind wogend ...«

Schleierkraut: »Am Arsch. Die pressen dich platt. In einem Buch namens DARM MIT CHARME.«

Is doch so.

Sie können natürlich Blumen schenken. Es ist eine nette Geste. Aber es wäre genauso schön, wenn Sie den Menschen an Ihrer Seite einfach mal mit in den Wald nehmen, auf einen Baum zeigen und sagen: »Schau mal. Tief verwurzelt und massiv. So sind meine Gefühle für dich.«
Und das ist doch auch irgendwie romantisch.
Und billiger.

Sternzeichen Jungfrau

Die Jungfrau ist neben den Zwillingen das einzige Sternzeichen, das schon vom Namen her in der Realität verankert ist. Die anderen sind ja lediglich irgendwelche Fantasy-Gestalten, Viehzeug oder Haushaltsgeräte.

Das macht uns zu pragmatischen Menschen. Von Aszendenten halten wir nichts. Warum auch? Wieso sollten andere Sternzeichen Einfluss auf unser Leben haben, wenn man es nicht mal schafft, den eigenen Partner dazu zu bringen, dienstags die gelbe Tonne rauszustellen? Wozu überhaupt allem diese Struktur von Ursache und Wirkung geben? Das Leben ist Chaos, weil uns die Fakten fehlen.

Nehmen wir an, wir schalten den Fernseher ein, und sehen eine Ballerina, die bis zu den Knien in einer Gießkanne voller Mett steht, und direkt neben ihr explodiert ein Pinguin. Das wirkt vermutlich erst mal verstörend auf den Betrachter. Weil uns eben die Fakten fehlen. Vielleicht steckt ein höherer, zutiefst logischer Plan dahinter. Also ich glaub's nicht, aber kann ja sein.

Nun ja. Sie wollen ja nun Ihr Horoskop. Von mir aus. Bitte.

Ihr Horoskop lautet: Machen Sie sich nützlich. Achten Sie auf Ihren Stuhlgang. Seien Sie auch heute lieb zu Tieren. Äh ... keine Ahnung ... machen Sie Kohlrouladen. Oder ... was weiß ich ... kaufen Sie sich einen Aufsitzrasenmäher. Oder kucken Sie auf DVD DER HERR DER RINGE. Aber nur Teil drei. Und dann fragen Sie sich: Warum wirft der Heiopei mit den großen Füßen da Schmuck in den Vulkan? Man muss nicht alle Fakten kennen, um Spaß zu haben. Lassen Sie einfach locker. Immer schön weg vom Körper. Wir sind ohnehin nicht die Krone der Schöpfung.

Ameisen können das 50-Fache ihres Gewichts tragen und kriegen nicht mal Mindestlohn. Und wir haben Präsidentschaftswahlen, Atombomben, vegane Kitas und hochflorige Bettumrandungen mit Tulpenmuster, brauchen aber fünf Mann, um Ommas Anrichte anzuheben. Im Prinzip steckt uns jeder dahergelaufene Schabrackentapir in die Tasche. Also: Lebe und entspanne dich. Du bist immerhin Jungfrau. Der Jean-Claude Van Damme unter den Sternzeichen. Der Wassermann kann herzlich gerne in der Provence Quarze auspendeln, bis ihm die Füße platzen.

Hol du dir Pommes.

Klar, stimmt schon, der Mensch strebt zu Höherem. Immanuel Kant sagte zum Beispiel: »Handle so, dass der Beweggrund deines Willens jederzeit als Grundsatz einer allgemeinen Gesetzgebung gelten könnte.«

Ist richtig. Hol dir trotzdem Pommes.

Sonntagsspaziergänge

Sonntag, 13:40 Uhr. Vor zehn Minuten hat man sich zwei Pfund Sauerbraten reingezimmert und mit einem Pömpel Pudding hinterhergeschoben, mehr geht beim besten Willen nicht rein, da sackt einem auch schon das Blut in die Füße und der Leib kreischt nach einem Mittagsschlaf. Vergebens jedoch:

Die eigene Familie möchte einen »Spaziergang« machen, also einen Marsch ohne Grund. Sich die Beine vertreten. Frische Luft schnappen. Da kann man jetzt dozieren, wie man möchte, zum Beispiel, dass Beine gar nicht vertreten werden wollen, sondern gerade dann nützlich sind, wenn sie sauber und gerade am Becken verdübelt sind, und dass man die frische Luft auch nicht draußen schnappen muss, weil die Wohnung so konzipiert ist, dass die Luft von selbst reinkommt, wenn man das Fenster auf Kippe macht. Logik funktioniert aber nicht. Also rein in die Jacke mit der Klimamembrane und ab in die City. Leider wohnt man nicht in Florenz, und so gestaltet sich der Marsch eher reizarm. Wir gehen vorbei an Umspannungskästen mit aufgeklebten Flyern für eine AMIGOS-Cover-Band und passieren die geschlossene Eisdiele, den geschlossenen Schuster und das seit 1482 in Familienbesitz befindliche und außerdem geschlossene Sanitätshaus, sehen mehrere Gruppen Hundehaufen, die wie eine Art Mini-Schlumpfhausen wirken, und hören uns selbst harmonisches Geseiere absondern wie: »Ker', watt is die Luft frisch!« Oder: »Kuck ma, der Rossmann hat getzt auch zu.«

Zu Hause bekommt man dann 'ne Nachricht von 'nem Freund, was man gerade so mache, schickt das Icon mit dem lachenden Kackhaufen und erhält als Antwort: »Ich hätte auch gemusst, aber mein Bein ist in Gips, komplizierte Geschichte, tut echt weh.«

Man ist neidisch. Und in sieben Tagen ist schon wieder Sonntag.

Im Bus

Dies ist eine wahre Geschichte.

Mallorca im Juli. Ich habe sehr günstig eine Woche Insel gebucht, und zwar inklusive Flug und Transfer zum Hotel. Trotzdem muss ich sagen, dass ich Reisen in großen Gruppen als unangenehm empfinde. Die Menschen werden so schnell wütend wegen jedem Quatsch. Vor der Tür des Shuttlebusses steht eine Dame mit Klemmbrett. Ich nicke ihr zu und steige ein. Der Bus ist voller Menschen. Es ist sehr warm. Ich rufe »Good morning«. Man nickt zurück. Wir stehen eine Weile. Der Bus fährt nicht ab. Es dauert so etwa zwanzig Minuten, bis sich hinter mir eine größere Gruppe mutmaßlich osteuropäischer Urlauber Luft verschafft, indem sie ziemlich laut in mittelgutem Englisch ruft: KÖNNEN WIR JETZT MAL LOS HIER? WIR HABEN URLAUB UND KEINEN BOCK IM BUS ABZUHÄNGEN! FRECHHEIT!

Ich drehe mich um und sage in ebenfalls mittelgutem Englisch: Ganz ruhig, Freunde. Wir haben doch alle Urlaub. Nützt ja nix.

Ich lächle und denke: Hui, kurze Zündschnur, die Kollegen.

Der Bus steht weiterhin.

Weitere 30 Minuten später wird der Ton schärfer. Die Osteuropäer von hinten erheben sich nun. Sie sehen verschwitzt aus. Und sehr ärgerlich. »WANN«, brüllen sie, »FÄHRT JETZT HIER MAL DER VERDAMMTE BUS LOS, VERFLUCHT! DAS GEHT ALLES VON UNSERER ZEIT AB! WIR HABEN DIESEN SHUTTLE BEZAHLT UND STEHEN HIER RUM!«

Wieder interveniere ich charmant. »Na, kommen Sie«,

sage ich. »Irgendwer kommt immer zu spät. War es nicht Lao Tzu, der sagte: ›Ein guter Reisender hat keine festen Pläne und denkt nicht ans Ankommen.‹?« Ich übersetze es nicht besonders gut, aber meine Stimme ist sanft, und ich denke, die Botschaft kommt an.

Eine weitere Stunde Stillstand später eskaliert die Situation. Die Herrschaften sind nun sehr aggressiv.

Der Busfahrer wirkt sehr eingeschüchtert. Die Luft brennt. Die Dame mit dem Klemmbrett ergreift mit hochrotem Kopf das Bordmikro und sagt mit nervöser Stimme: »Es tut mir sehr, sehr leid, aber wir müssen warten.« Sie blickt aufs Klemmbrett » Es fehlt noch … ein Herr STRÄTER.«

Ich sage: »VERDAMMT, FAHREN SIE LOS! WIR KÖNNEN NICHT AUF JEDEN IDIOTEN WARTEN. DAS GEHT AUCH VON MEINER ZEIT AB!«

Wie gesagt: Gruppenreisen. Komm ich nicht klar drauf.

King Kongs Omma gegen Godzillas Sohn

Ich will ja nicht schon wieder von meiner Omma anfangen, aber ich mach's.

Als ich ganz jung war, war die Entsprechung zu FACE-BOOK, bei jemandem zu klingeln und Guten Tach zu sagen. Generelle Statusmeldungen wurden auf dem Weg zur Schule direkt ins Gesicht vom Nachbarskind gepostet, im Stil von: »Der Günter hat voll die scheißigen Turnschuhe, die sind überhaupt nicht von PUMA.«

Und meine Omma, kann man sagen, war mein Google. Ein Quell der Informationen und guten Ratschläge, und ich konnte sogar umfassende Filmrezensionen in Ommas Kopf uploaden. Sie gab mir damals nämlich immer 2 Mark, damit ich sonntagmorgens ins Kino gehen konnte.

Ich bevorzugte damals Filmkunst japanischer Machart, vorzugsweise Godzilla-Filme. Also absolut hanebüchene Streifen mit einer mutierten Riesenechse. Meine Omma fragte mich dann nach dem Kino immer nach meiner Meinung zu dem Film. Jedes Mal. Sie gab meinen Interessen Bedeutung. Und überwältigt von ihrem Interesse, lieferte ich stets einen Eingangsmonolog über die Geschichte der verseuchten Echse an sich. Jeden Sonntag. Also im Prinzip immer Folgendes: Eine durch Atombombenexperimente geweckte Riesenechse latscht alles kaputt.

Das Vieh ist dumm wie ein Sack Dachschindeln und wird getötet. So weit der allererste Film aus den Fuffzigern. In den Siebzigern aber, also zu meiner Blütezeit, kehrte Godzilla dann zurück, und zwar regelmäßig sonntagmorgens um 11 – dann aber als Freund der Menschen, denn Japan hatte zu dieser Zeit laufend Scherereien mit anderen Monstern, Riesenrobotern zum Beispiel, oder Kraken, die Karate konnten. Konnte der neue Godzilla natürlich auch, Karate ist ja 'ne Kleinigkeit für einen langsam erstickenden Mann im Gummikostüm, jedenfalls hatte Godzilla voll was auf dem Kasten, und mit jedem weiteren Film wurde er klüger. Im vorletzten Teil ist Godzilla kurz davor, KUCKUCK! zu sagen, und er trägt eine Steintafel mit sich, auf der HAUPT-SCHULE HOKKAIDO steht ...

Und meine Omma hörte sich das alles an, und sie lächelte, bis nix mehr kam, und strich mir dann über den Kopf.

Und dann durfte ich raus, spielen.

Und das ist genau das, was ich heute noch tue. Ich erzähle Ihnen ohne Punkt und Komma Quatsch, weil es mich bei aller Hirnrissigkeit erfüllt, und dann gehe ich vor die Tür und grinse mir einen.

Will sagen: Sie alle sind jetzt meine Omma. Versuchen Sie bitte, damit klarzukommen.

IKONEN VON HIER

HEILIGABEND: DIE BUCKLIGE VERWANDTSCHAFT ...

... auch bekannt als: »Diese Leute«, »Zyklopen in Cord«, »Die mit der Tupperdose kommen« und »Die heiligen acht Idioten«.

Die bucklige Verwandtschaft enthält nicht selten folgende Typen:

1. Einen Onkel mit zweisilbigem Vornamen, zum Beispiel Willi, Eugen oder Bollo. Er ist ein etwas formloser Herr in zu langer Strickjacke, einer faustgroßen goldenen Armbanduhr und Slippern, die so dicht an der Grenze zum Pantoffel sind wie kein anderer Schuh zuvor.

Der Onkel ist schwerer Geselligkeitstrinker und sagt Dinge wie: »Ich helf dir mal beim Geschirr«, bleibt dabei aber sitzen. Ihm reicht das reine Angebot.

2. Die gramgebeugte Tante mütterlicherseits. Sie hat einen nicht näher umrissenen »Stiefel mitgemacht«, kämpft sich aber durch. Sie serviert stumm das Essen, nickt ins Nichts, trägt blickdichte Strumpfhosen und seufzt mitunter vor sich hin. Fragt man, was los sei, erwidert sie: »Ach, komm«, und winkt ab. Alles sehr mysteriös.

3. Der Cousin. Ein an den Kanten etwas ausgefranster Mittdreißiger mit 12 Kilo zu viel, schlecht sitzender Brücke und Tribal-Tattoos. Er ist der modische Zeremonienmeister der drei großen P: Polohemd unterm Polyester-Pulli.

4. Die etwas hinfällige Uromma. Hat seit '92 nix mehr gesagt, wird aber seit 2004 auch nicht mehr älter. Die maximale Faltendichte ist erreicht, jedes Haar liegt wie 'ne Eins, sie trägt Korallen-Schmuck und schlammfarbene flache Schuhe. Sie könnte 78 oder 240 Jahre alt sein. Sie macht ohnehin nix Konkretes. Sie schweigt und kuckt. Sie ist vor allem da.

5. Die bereits zweite Frau des Cousins, deren Name sich niemand merken kann. Man kann jetzt auch nicht konkret sagen, wie sie aussieht. Nicht schlecht jedenfalls. Sagen manche, die sich erinnern können. Ist vermutlich nicht so wichtig. Sie ist ja die Frau vom Cousin, und der ist ein Idiot. Will sagen: Die Frau vom Cousin ist auf der Durchreise.

6. Das fünfjährige Kind der bereits zweiten Frau des Cousins, deren Name sich niemand merken kann. Das Kind heißt irgendwas mit Bindestrich. Der Name ist eine krude Mischung aus Familien-, Film- und Musikreferenzen. So was wie Birte-Mockingbird-Gaga oder Jürgen-Zorro-Bublé.

7. Du.

Was hast du nicht alles versucht, um das hier zu verhindern. Nur dieses eine Mal. Du hast um zwölf Meter Neuschnee gebetet, damit Onkel Bollo zu Hause bleibt, denn in Pantoffeln kann der dann nicht raus, und das sind Pantoffeln, es gibt keine karierten Schuhe aus Filz. Und dein gestörter Cousin mit seinen uninteressanten, dafür aber sehr langen Geschichten darüber, wie er mal vorm Netto ganz besonders umständlich ausparken musste, und mit jedem Satz veröden dir Tausende Hirnzellen. Und das Tantchen, das schweigend von der Küche ins Esszimmer spukt und einem immer das Gefühl gibt, man würde sich unangemessen karnevalesk gebärden; und diese eine Frau, wie hieß die noch mal, und das Kind erst, Herrgott, sach schnell: Hulk-Uwe-Lindenberg, was für ein Schlamassel!

Aber du musst dich jetzt ums Essen kümmern, alle sitzen schon, was man so sitzen nennt, es gibt Vogel, dafür warst du gestern extra beim örtlichen Gänsemörder, und die düstere Tante hilft dir wie selbstverständlich beim Hineintragen, und alle Bekloppten sehen die episch gebratene Gans und verstummen strahlend – und in die erwartungsfrohe Stille hinein sagt die seit '92 schweigende Uromma: »Scheiße, das wurde auch Zeit«, und dann lachen alle, auch die düstere Tante, und du denkst: »Dafür, dass das hier gar nicht geht, geht's eigentlich«, und dann esst ihr die gute Gans, die konntest du im Gegensatz zur buckligen Verwandtschaft aussuchen, aber nur weil man nicht immer wählen kann, muss es ja nicht schlecht sein, erkennst du. Das ist die Familie. Es ist Weihnachten. Und mehr kann man nicht verlangen.

DER WELLENSITTICH …

… auch bekannt als die Krähe in Pastell, Rentner-Harlekin, Inhaftierter Nummer 1288–7 oder Trill-Opfer.

Der Wellensittich ist ein wunderschöner Vogel, der in einigen hübschen Farben existiert beziehungsweise lieferbar ist. Er hat in etwa die Größe eines Snickers und kackt bevorzugt auf den Immobilienteil der Ortszeitung. Also im Käfig. In Freiheit nie.

Ursprünglich stammt der Wellensittich aus Australien, kann den Kontinent aber vermutlich nicht von einem Gelsenkirchener Esszimmer unterscheiden und bietet sich deswegen besonders als Dekoration an für Leute, denen ein Regal zu wenig Geräusche macht.

So mannigfach die Farbgebung, so eintönig die Rufnamen. Im Ruhrgebiet wird vom Zier- und Hobbyvogelnamensamt in Marl klar vorgegeben, wie ein solches Tier zu benennen ist – nämlich entweder KUKI oder Hansi. Was anderes geht nicht. Einreichungen wie Hakuna Matata, Sittich Bull oder DESSEN NAMEN MAN NICHT AUSSPRICHT werden abgelehnt und mit Bußgeld belegt. Das Zier- und Hobbyvogelnamensamt befindet sich übrigens direkt neben dem Straßenverkehrsamt Marl, also da, wo die Leute zwei Tage zelten, um ihr Auto umzumelden.

Der praktische Nutzen eines Wellensittichs: Tagein,

tagaus singt der Sittich bezaubernde Melodien, die sich, je länger man zuhört, desto mehr so anhören wie: Mach den Käfig auf, du Arschloch. Wer das tut, verschafft dem Tier die dringend nötige Bewegung – allerdings hat der Sittich die niedliche Neigung, Ihnen im Rahmen seiner Möglichkeiten die Bude zu zerlegen.

Wer's ganz gut meint mit den Tieren, kauft direkt zwei. Denn der Wellensittich steht nur bedingt auf Einzelhaft.

In Gefangenschaft lebt ein Wellensittich 5–10 Jahre. Steht der Käfig neben der Mikrowelle, eher 5 als 10.

Fazit: Der Wellensittich ist aus den Stuben des Ruhrgebiets nicht mehr wegzudenken. Obwohl es nicht die feine Art ist, Tiere in Käfigen zu halten, übernimmt der Wellensittich eine wichtige Funktion für ältere Menschen: Er ist buchstäblich Witwentröster, ein Ansprechpartner für einsame Menschen, eine Art singendes Ersatzkind, das einem durch den Tag hilft. Die Kosten sind auch für Menschen mit geringer Rente zu bewältigen: ein Käfig, Vogelsand, Spielzeug fürs Tier, gelegentlich etwas Papageien-Döner, wie die Hirsestange auch hemdsärmelig genannt wird. Und dann sitzt er da, singt, trällert, macht Quatsch und zaubert einem trotz seiner Haftbedingungen ein Lächeln ins Gesicht. Damit schlägt der Wellensittich in seiner Funktion um Längen fette Enkelkinder, die man in der Regel nur am ersten Weihnachtsfeiertag sieht, weil sie Kohle für Paysafe-Karten abgreifen wollen. Trotzdem: Kuki klingt schon ziemlich nach Gebissreiniger.

Und beim nächsten Mal dann in echt: DEN ALTEN WÄMSER!

Die alte Dame im Fenster ...

... auch bekannt als: die Omma von oben, Thermopen-Matrone, der Muezzin in Strick, Siedlungs-Habicht, Rentner-Facebook und Die Schamanin von Etage zwei.

Findet sich in jeder Siedlung. Funktion: moralische Instanz, Verkehrsüberwachungsbeauftragte, Orakel, Kriminalistin und Beratungsstelle für Fragen, die keiner gestellt hat.

Populärste Frisuren: der Pudel der Verdammnis, eine Explosion in Schiefergrau und »Kuck ma: Lockenwickler«. Einmal im Monat kommt nachts der Wander-Barbier, um ihr, Originalton, die Haare »zu legen«.

Auch direkt am Kopp: die Brille. Unscheinbares Modell in Horn-Optik, aber mit 12-facher Vergrößerung, 4-fach Zoom und Nachtsicht-Funktion. So sieht sie auch ein in der Nachbarsiedlung weggeworfenes Duplo-Papier und kann den Täter bis ins letzte Ahnen-Glied benennen. Denn sie kennt ihre Pappenheimer.

Oberbekleidung: Meist eine bewusst spack getragene Strickjacke mit Zopfmuster oder Rentner-Sportswear aus Jersey.

Sie drapiert sich zum Zwecke der Druckmilderung auf ein Kissen, entweder in Brokat mit Zierborte oder als geometrisch strenge Gartenstuhlauflage.

So viel zum sichtbaren Bereich. Ob die Dame Beine hat, Hosen trägt oder ab dem Nabel ansatzlos in den Heizkörper übergeht – *nobody knows.*

Auch unbekannt ist, woher die Dame kommt. Sie wurde bei Errichtung des Gebäudes komplett im Fensterrahmen angeliefert und montiert.

Populäre Lautäußerungen:

1. SEIT 52 JAHREN WOHNE ICH JETZT HIER, ABER SO WATT HAT'S NOCH NIE GEGEBEN!

2. WIE, PAKET? ICH NEHM NIX FÜR ANDERE LEUTE AN, NACHHER IST DA SONST WAS DRIN!

3. MACH NICHT SO'N KRACH, BURSCHE, DU MÜSSTEST AN UND FÜR SICH LÄNGST IM BETT SEIN, FREUNDCHEN! WATT? DAT IST MIR EGAL, OB DU ZWEIUNDVIERZIG BIST! ROTZBENGEL!

Berühmt auch sind ihre kryptischen Bestellungen, die sie flanierenden Bekannten zuruft:

WENNE IM KONSUM GEHS, BRING MAL SEIFENPULVER UND 'NE LORD EXTRA MIT!

Und legendär geradezu ihre Selbstgespräche, die sie in ohrenbetäubender Lautstärke führt.

ACH KUCK: DER ERICH UND SEIN FLITTCHEN. DIE IS JA FÜR NIX FIES. LOSES WEIB. UND DEN SCHNAPS LÄSST SE AUCH NICHT GRADE VERKOMMEN. PFUI! SEIT 52 JAHREN WOHNE ICH JETZT … et cetera pp.

Doch gibt es deswegen einen Grund, die alte Dame im Fenster zu dämonisieren? Nein! Sie ist die Firewall deines Hauses. Was nützt dir als Betrüger der Enkeltrick, wenn du bei der Geldübergabe weder parken noch während der Mittagsruhe klingeln noch den Rasen betreten darfst? Eben.

Wenn es dieser Gesellschaft an etwas fehlt, dann an Menschen, die ihre Lebenserfahrung teilen, die den Mikrokosmos der Nachbarschaft im Auge behalten und auch mal ihren Standpunkt klarmachen. Jetzt mal unabhängig davon, ob einer gefragt hat oder nicht. Und davon ab: Statt über die alte Dame am Fenster zu meckern, könnte man ja auch mal bei ihr klingeln und nach einem guten Pudding-Rezept fragen, oder ob man ihr 'n Plunderteilchen vom Bäcker mitbringen soll. Zuwendung ohne Bösartigkeit. Also quasi der umgedrehte Enkeltrick. Also: Winken Sie öfter mal nach oben, okay?

Und das nächste Mal dann echt jetzt, ohne Vertun: DEN ALTEN WÄMSER!

UNSERN OPPA

Unsern Oppa wird exakt so betitelt. Denn entweder ist er unsern Oppa oder der Oppa von wem anders, also zum Beispiel dem Ralle sein Oppa oder der Jennifer ihr sein Oppa, aber niemals nur irgendein Oppa. Früher war er *around the clock* am Wulacken, heute: Rente.

Deswegen schläft er aus. Oft bis Viertel nach fünf. Dann kleidet er sich an.

Der Dresscode: Hose in gedeckter Farbe aus schwer entflammbarem Material; der Schnitt ist leger, der Tragekomfort sperrig. Sitzfalten muss man mit dem Hammer rauskloppen.

Das Hemd wird grundsätzlich in die Hose gesteckt. Im Weltbild von unsern Oppa tragen nur Harlekine das Hemd über der Buxe.

Über allem trägt unsern Oppa den sogenannten Blouson. Das einzige Wort im Ruhrgebiet, das auch nur annähernd französisch ausgesprochen wird. Ansonsten wie gehabt: POTTMANEE, APARTMANG, KOSENG.

Es handelt sich bei diesem Kleidungsstück um eine sogenannte Übergangsjacke. Darauf werde ich später noch näher eingehen.

Gekrönt wird das Ensemble von einer Kopfbedeckung, deren Funktion irgendwo im Schattenreich zwischen Hut, Helm und Mütze angesiedelt ist.

Freizeit: So gekleidet mäandert unsern Oppa in Zeitlupe durch die Gegend. Im scharfen Kontrast zur sonst abgeklärten Natur von unsern Oppa steht jedoch die Faszination, anderen, vorzugsweise jüngeren Menschen bei der Verrichtung von körperlicher Arbeit zuzusehen. Besonders der Gebrauch und die Handhabung schweren Baugerätes fesseln unsern Oppa an die Bauzäune des Landes. Stumm steht er dann da, mit wertendem Blick und den Händen auf dem Rücken verschränkt, dem internationalen Zeichen für: Dat wird sowieso nix, ihr Pannemänner.

Und dann ist das wohl so. Denn unsern Oppa ist der Gandalf unter den Ruhrgebietsmenschen.

Berühmte Aussprüche: ANDERE MÜTTER HABEN AUCH SCHÖNE TÖCHTER; INDIANER KENNT KEINEN SCHMERZ; SO WIE DU DAT KLEBS, HÄLT DAT KEINE 5 MINUTEN, WIR HAM FRÜHER MALOCHT WIE DIE BEKLOPPTEN, DER FREIER HAT VON NIX 'NE AHNUNG, DICH SOLLNSE MAL ANNE SCHÜPPE KRIEGEN, KRANWASSER GIBT FLÖHE IM BAUCH und FRÜHER WAR DAT MAL ARME-LEUTE-ESSEN.

Unsern Oppa ist ein Zupacker, aber auch ein stiller Mahner, und wenn er aus Polsum kommt und Ölgemälde anfertigt, sogar ein stiller malender Marler Mahner. So oder so: Jedes Mal, wenn einer von unsern Oppas geht, hinterlässt er eine Lücke. Er verlässt uns, steigt auf, entschwebt ins Himmelreich, nimmt neben den Kollegen auf einer Wolke Platz, blickt in das endlose, im milden Schein wabernde Gewölk um sich herum und sagt: ALLET KRUMM UND SCHIEF. DAT HÄTT ICH EUCH VORHER SAGEN KÖNNEN, DAT DAT NIX WIRD.

Ein Hoch auf unsern Oppa. Und beim nächsten Mal dann in echt: DEN ALTEN WÄMSER!

DER ALTE WÄMSER,

... auch bekannt als »Sind Sie nicht Markus Krebs?«, »Können Sie mir mal sagen, wo Sie jetzt erst herkommen?« und »der komische Klumpen«.

Männlich, Anfang 50, fühlt sich jünger, sieht aber nicht so aus. Frisur aus Wolle. Ist etwas zu klein für sein Gewicht, weswegen er zur Kompensation Schuhe mit hohen Absätzen trägt. Dadurch wirkt er sofort wie ein dicker Mann in Pumps.

Überhaupt sieht der alte Wämser im Fernsehen größer aus, was daran liegt, dass TV-Produktionen aus Kostengründen sehr kleine Möbel benutzen.

Der alte Wämser macht immer alles auf den letzten Drücker. Er hat allein durch systematisches Falschparken in Waltrop den neuen Südflügel des Rathauses finanziert. Der alte Wämser ist zudem ein großer Freund der Elektromobilität, was man daran erkennt, dass er einen akkubetriebenen

Klapproller besitzt – liegt im Kofferraum seines Mustang V 8.

Der alte Wämser ist niemals pünktlich. Nie. Nicht mal aus Versehen. Es hat niemals Dreharbeiten gegeben, zu denen er zeitig erschienen wäre. Aber wenn er dann erst mal da ist, ist er auch null vorbereitet. Der alte Wämser hat nämlich aus Scham darüber, dass er zu spät kommt, die Hälfte des Drehbuchs vergessen. Dabei hat er es selbst geschrieben, konnte es aber eh nicht richtig auswendig, weil er es erst vor drei Stunden fertig gekriegt hat.

Aber wenn er dann aus dem Wagen steigt, geht er sofort zum seit einer Stunde im Nieselregen sitzenden Kameramann und sagt: »Sitz nicht auffe kalten Steine, du verkühlst dir den Sack.«

Der alte Wämser hat eine Hormonstörung. Ist also fett ohne Grund. Wer hat ihn nicht je im Ruhrpark Bochum getroffen, wie er sich durch eine Buttercremetorte fräst, aufblickt, auf seinen Bauch weist und schulterzuckend sagt: »Schilddrüsenunterfunktion.«

Oft vorkommende Äußerungen des alten Wämsers:

»Jetzt regt euch mal ab, das holen wir locker wieder rein«, »Jetzt erst mal ’n Kaffee« und »Sorry, die Bahn kam nicht«.

Ebenso häufige Antworten: »Alter, es ist Mitternacht!«, »Das wäre dann deine zweite Kanne« und »Du bist mit dem Auto da«.

Der alte Wämser neigt zum Abschweifen. »Er neigt« klingt natürlich, als wäre es eine sanfte Verbeugung in Richtung eines anderen Themas, dabei ist es nicht weniger als eine brachiale Blutgrätsche. Wobei die Grätsche ja auch nur so eine Art ungelenker Primaten-Spagat ist, also nichts Halbes und nichts Ganzes, ein zu grobes Wort, wobei die ja in der deutschen Sprache gar nicht das Problem sind, sondern sinnlose Begriffe wie »Gefrierbrand« oder nicht sofort erkennbare Doppelbedeutungen, zum Beispiel, als jüngst eine Bekannte zu mir sagte, sie hätte sich »ein paar Ballerinas gekauft«. Fassungslos habe ich sie angestarrt und mir vorgestellt, wie sie mit Zahnärzten in Goretex-Jacken über deren tanzende Töchter verhandelte, und ich war kurz davor, meiner Bekannten an die Gurgel zu gehen, als sie eine Tüte öffnete. Sie meinte Schuhe. Doppelbedeutung. Wer legt so was eigentlich fest? Und warum sagt man dann nicht, wenn man keinen Bock mehr auf Winter hat: »Ich hab 'n Heißmangel«? Und warum heißt dann eine auf Grünflächen spezialisierte Firma nicht RASEREI? Geht bei Bäckern doch auch. Und wenn einer gern zum Bäcker geht, dann der alte Wämser. Sie sehen, was ich meine.

Der alte Wämser ist nicht so der sentimentale Typ. Und er ist kein Profi in dem, was er tut. Das sind vor allem die Leute um ihn herum. Kamerafrauen und Männer, Regieleute, die Menschen, die darauf achten, dass niemand über die Kabel stolpert und sich im Studio den Arsch bricht, mein Lieblingsfrank am Teleprompter, die Menschen im Schnitt, die Damen und Herren von Licht, Ton, Requisite, die, die das alles hier zum Leben erwecken, bevor ich auch nur ein Wort gesagt habe. Das sind die Profis.

Ich bin der alte Wämser.

Und dies war die letzte Folge von STRÄTERS MÄNNER-HAUSHALT.

Nicht, weil die Sendung erfolglos wäre. Im Gegenteil. Aber ich habe Ihnen alles erzählt, was ich Ihnen in diesem Rahmen erzählen wollte. 20 Sendungen, fast 1000 Minuten, voll mit Haushaltstipps, wirklich sensationellen Gästen, bescheuerten Bild-Interpretationen, bekloppten Spielen, Gesprächen, kleinen Filmchen …

Das reicht erst mal. In dieser Form. Aber wenn Sie die Güte hätten, meinen Leuten und mir zu folgen, verspreche ich Ihnen, wir sehen uns in nicht allzu ferner Zukunft wieder. Mit was Frischem. Wie üblich bescheuert. Und handgemacht. Ich habe da ein paar gute Ideen. Ich würde jetzt gern sagen: »Wenn Sie mein Zeichen in den Himmel projizieren, bin ich da«, aber ich mach's ein bisschen weniger pathetisch: Bereiten Sie alles für meine Rückkehr vor.

Wir sehen uns.

Ich danke Ihnen mehr, als ich sagen kann.

Teil 5:
Laudatien?
Laudatios?
Lauden?

Vorwort 5

Ich hab's gegoogelt: Der Plural von Laudatio ist *Laudationes*. Klingt wie eine spanische Band, ist aber so.

Ich schreibe unheimlich gerne Laudationes. Also Lobreden. Aber nur auf Leute oder Dinge, die ich mag. Der Vorteil so einer Lobhudelei ist natürlich, dass man als Laudator wahnsinnig nett und zugewandt rüberkommt. Wer lehnt schon Schmeicheleien ab?

Der Vorteil FÜR MICH ist, dass ich keinerlei Beschränkungen in der Länge habe. Oder im Inhalt. Ich lasse mich allerdings generell nicht beschränken oder zensieren. Noch wichtiger: Ich kann unter dem Deckmantel der weihevollen Rede ausufernd absoluten Stumpfsinn einflechten. Viel davon. Bei jeder Lobrede ist mir nämlich vor allem eines wichtig: Irritation. Ich habe eine Neigung, lächelnd Dinge zu verschlimmern. Der erste Satz ist meistens noch okay. Ab Satz zwei wird's schon bescheuert, und ab da: Sturzflug. Meist reiße ich die Maschine zum Ende noch mal hoch. Nun ja.

Hier sind meine drei liebsten. Ist natürlich ein bisschen arm, mir selbst zum Deutschen Kleinkunstpreis zu laudatieren, eigentlich ist es auch eher eine Dankesrede, aber selbst hier finden wir das Konzept von Chaos, Stumpfsinn und … äh … Danke sagen. Von daher passt es.

50. Sendung von *Pufpaffs Happy Hour*

Verehrte Festgemeinde, liebe Menschen zu Hause an den Geräten,

willkommen! Heute, zu dieser Stunde, sehen wir gemeinsam einem besonderen Moment ins Auge. Der 50sten Ausgabe dieser Sendung.

50 Folgen: Klingt nach viel, breit und lange – ist aber nichts weiter als ein Wimpernschlag im Esszimmer des lachenden Golems, den wir Universum nennen. Wenig mehr als eine spuckefleckige Randnotiz auf TCHIBO-Filialen-Geschäftspapier im Stundenglas des großen Ganzen. Nicht mehr als das ruppige, metallische Schnarren der Metalltür am stinkenden Spind im Umkleidebereich des ungepflegten Stadions, das wir Leben nennen. Kaum mehr als das knappe Keuchen eines grotesken Harlekins am triefenden Boxsack im südlichsten Winkels der Kirmes des Seins.

Ein Fingerschnippen im Zeitgefüge, ja wenig mehr als das vorderste Achtel des ersten Tons der von Gott persönlich intonierten und auf seiner brachialen Kackenhauerorgel ins Unendliche gehupten Version von »Take on me«. Das ist übrigens ein nach wie vor knorkes musikalisches Kabinettstückchen der guten Band AHA! Viele unbedarfte Existenzen glauben ja noch immer, AHA kämen aus Schweden. Norwegen jedoch ist ihr Herkunftsort; wer da an Schweden denkt, befindet sich nicht in Nor-, sondern auf Irrwegen. Dann ruft man schon mal AHA! Das möchte passen. Ist AHA! doch landläufig als Ausruf des Erstaunens ob eines bis dato unbekannten Sachverhalts vorgesehen und angebracht, und sei es nur jener, dass dies bereits die 50. Sendung ist! Und das wollen wir gemeinsam feiern. Denn kaum einer glaubte, dass dieses Format, in dem wir uns gerade befinden, so lange existieren, leben, ja blühen könnte.

Denn die Sterne standen schlecht. Das Konzept für den Piloten taugte nix. So sollte die erste Folge in einem vernünftig klimatisierten Raum gedreht werden, inklusive kostspieliger Belüftung und bequemer Stühle mit wattierten Sitzflächen. Moderiert werden sollte das Ganze von einem sehr entspannten Moderator mit unmöglich zu merkendem Allerweltsnamen, der stets in formlosen Joggingplörren auftritt, aber immer blank gewienerte Schuhe aus Pferdeleder mit Budapester Lochmuster trägt. Budapest ist übrigens keine beulenwerfende Infektionskrankheit, die fernöstliche Gottheiten befällt, sondern ein Ort in Ungarn, und Ungarn ist nicht etwa ein Nähfaden, der nichts taugt, sondern das Land um und in Budapest. Ein selbsterklärender Satz. Weiter. Der Name dieser Sendung sollte zuerst lauten: »Ungepflegte Clowns machen zu lange unlustigen Kack«, aber dieser Titel war dem Sender, damals noch ARTE, zu verkopft.

Und dann hatte ein Mann eine zündende Idee! Das war 1993, und der Mann hieß, Sie ahnen es bereits, Pablo Kottlewski. Ein Selfmade-Millionär und glühender Anhänger philanthroper Philatelie, also ein großer Freund von Menschen, die auf Briefmarken abgebildet sind. Ein glühender Anhänger zu sein ist immer etwas Gutes. Einen glühenden Anhänger zu haben hingegen gebietet: Rechts ran und kaltes Wasser drauf. Doch zurück zu Herrn Kottlewski:

Bei aller Leidenschaft fehlte ihm etwas. Er hatte schon vor geraumer Zeit einen eigenen TV-Sender erworben, aber das Ganze kam nicht richtig in die Gänge. Kein Programmkonzept. Kein Sendername. Dann ging er, wie jeden Samstag, zu seiner Mutter, um brachial zu Mittag zu speisen, und als Kottlewski, von Kindesbeinen an kein großer Esser, zum wiederholten Male vor einem bis in Kinnhöhe vollgeladenen Teller gesottener Entengesichter hockte, rief er erbost aus: »Mutter! So viel kann kein Mensch fressen. Davon werden ja drei satt!«

Es durchfuhr ihn wie ein Blitz! Der Sendername war geboren.

Seine Mutter tobte, doch Kottlewski konnte sich nicht mehr konzentrieren. »Warte nicht auf mich, Mutter«, schrie er, »ich gehe auf ein Getränk in die Wirtschaft! Ich muss denken, außerdem ist gerade HAPPY HOUR!«

Ein weiterer Blitz! Am nächsten Tag kaufte er das Konzept der Clown-Sendung und strickte alles um. Radikal. Er machte alles anders. Er feuerte den primitiven Moderator im Jogginganzug, durchsuchte den ledergebundenen Almanach des rheinischen Hochadels und fand einen tatsächlich lebenden Nachkommen eines alten Geschlechts. Der Ururenkel des Deichgrafs von Bonn-Beuel. Sein Name lautete etwas ulkig PUFPAFF, aber als Kottlewski sich eingelesen hatte, entdeckte er, dass dieser im Prinzip drollige Name aus dem 16. Jahrhundert stammte und eine tiefe historische Bedeutung hatte: Pufpaff heißt: »Der im Bordell raucht«.

Er engagierte den Mann vom Fleck weg. Änderte alles. Das Studio wurde, wie Sie es heute kennen – 39 Grad heiß, in jede Ritze, durch die Frischluft dringen könnte, wurden Zugluftdackel gestopft, das Publikum saß unangenehme

50 Zentimeter vom Auftretenden entfernt auf lehnenlosen Bänken und war so platziert, dass es dem Darbietenden aus beinahe jeder Position in die Arschritze starren konnte. Unangebracht intim sollte es werden, mit steilen, schlecht beleuchteten Treppen, einem Moderator im Anzug, aber Turnschuhen von Salamander, und der Rest ist Geschichte.

Pufpaffs Happy Hour. Eine gute, lustige, tiefsinnige Sendung. Beste Unterhaltung. Seit 50 Sendungen. Moderiert von einem Mann, den ich als Freund bezeichnen darf. Die guten Komikerinnen und Komiker erkennen Sie daran, dass sie hier waren. Oder sind. Alle anderen sitzen kotbeschmiert in fensterlosen Räumen und schreiben stumm erbrechend Drehbücher für die CHECK-24-Familie.

Nein. Okay. Das stimmt alles nicht. Das ist ja das Gute. 50 Sendungen *Pufpaffs Happy Hour* auf 3sat, und sie laden mich immer wieder ein, und ich freue mich wie ein Kind, weil ich hier, und das sage ich mit Liebe und Dankbarkeit im Herzen, wirklich jeden Scheiß erzählen kann. Dafür danke. Und herzlichen Glückwunsch. Ihnen, mir, meinen Kolleginnen und Kollegen, 3sat … und meinem Freund Sebastian. Sebastian Pufpaff!

Das Ende der Kohle

Liebe Festgemeinde,

danke für die Einladung. Eine Ära geht zu Ende. Auf Prosper-Haniel, der letzten Zeche im Ruhrgebiet, wird für immer ausgestempelt. Benannt wurden die Zechen zumeist nach Adligen, Industriellen oder Würdenträgern. Seltsamerweise kam niemand je auf die Idee, einen dieser Betriebe nach einem Unterhaltungskünstler zu benennen, obwohl das ganz schön gewesen wäre, so eine »Hape-Kerkeling-Zeche« in Recklinghausen-Süd. Vorbei. Na ja. Noch mal von vorn:

Zweihundert Jahre lang wurde hier bei uns im Ruhrgebiet die Steinkohle abgebaut. Und heute kneift die letzte Zeche den Arsch zu. Melancholie ist zu spüren. Das war's mit der Kohle. Wir blicken nach vorn, setzen auf erneuerbare Energien. Die Steinkohle ist natürlich auch eine erneuerbare Energiequelle, dauert halt nur ein paar Millionen Jahre. Nun ja. Jetzt gewinnen wir unseren Strom eben aus Wind, Wasser, Solarenergie. Für die Duisburger: Die Sonne ist übrigens dieser fahle gelbe Kringel hinterm Dunst.

Fest steht: Die Steinkohle hat unsere Region geprägt. Und ich finde dieses Wort sehr passend: »geprägt«. Etwas oder jemanden mit Druck verändern. Die Steinkohle hat dazu geführt, dass wir hier im Ruhrgebiet sind, wer wir sind. Was immer das auch sei. Wir existieren ja lediglich als Klischee in den Köpfen anderer Bundesländer – die denken, hier wäre alles dreckig und rußig und frei von Grün. Das würde mich wirklich bekümmern, wenn es mich auch nur für 50 Pfennig jucken würde, was andere Bundesländer von uns denken. Ich finde es allerdings durchaus niedlich, wie unbeholfen wir neuerdings auf »hipper Technologiestandort« machen. Es hat was Verzweifeltes, als würden wir in zu engen Leggins über die Kirmes laufen und dabei brüllen: »DIESE HOSE MACHT MICH NICHT FETT!« Wir sind, wer wir sind. Klar, als Technologiestandort sind wir schon geeignet, wir haben bei uns einfach die wichtigsten Verkehrsadern. Einfach in Dortmund auf die A 40, und in zwei Tagen bist du in Bochum.

Ich finde, wir müssen uns gar nicht aufplustern. Wir sind Deutschlands Rekordhalter in so vielem: Wir haben den größten Weihnachtsmarkt in Deutschland. Er wuchert durch die gesamte Innenstadt und endet widerwillig erst kurz vor der Pullunder-Abteilung von C&A. Außerdem haben wir den größten Weihnachtsbaum der Welt, wenn man diesen wütend zusammengelöteten Drahtgolem so nennen möchte. Wenn wir jetzt noch 10 000 Pferde übereinanderstapeln, haben wir sogar den größten Sauerbraten des Planeten. Es ist nur noch keiner drauf gekommen. Und jetzt, Obacht, ganz seriös und fundiert: Der JAMES-BOND-Erfinder Ian Fleming hat in seiner Autobiografie den Geburtsort unseres Lieblingsspions 007 verraten: Wattenscheid. Kein Spaß. 11. November 1920. In Wattenscheid. Warum ist er nur nach England gegangen? Was hätten das für großartige Filme werden können: Goldfinger: »Verstehen Sie etwas von Waffen, Mr Bond?«

Bond: »Da kannze mich für bekucken, du Heiopei.«

Es hat nicht sollen sein.

Und jetzt schließt die letzte Zeche und wird zu einem weiteren Symbol für die Region. Aber was ist eine Zeche eigentlich? Ein Betrieb. Ein Arbeitsplatz, den wir mit Nostalgie aufladen. Mit Zechen tun wir das. Mit insolventen Supermärkten nicht. Da kommt keiner und sagt: »Hier, wo jetzt das Tengelmann-Museum ist, da habe ich bis '98 malocht. Das war was. Die Babsi von der Leergut-Annahme, die hatte Haare auf den Armen wie ein Kodiak-Bär …«

Warum tun wir das? Trauern? Geht es hier überhaupt um Steinkohle? Oder um Industriedenkmäler? Nein. Es geht um die Menschen. Um präzise zu werden: Es geht um diese Männer. Sie arbeiteten umgangssprachlich »auf Zeche«, machten aber genau das Gegenteil, denn sie malochten meist recht deutlich unter Zeche. Ihre Berufsbezeichnung aber hatte einen guten, klaren Klang: BERGMANN. Da ist alles drin. Heutzutage gibt es ja die sonderbarsten Jobs, Barista zum Beispiel – klingt wie ein Lied von Boney M., ist aber neuerdings der Mensch, der beruflich Kaffee macht. Obwohl es gerade bei amerikanischen Röstern »Barrierista« heißen sollte, denn man muss ja zuerst eine steile mentale Hürde überwinden, um 6 Euro für 'n Becher Kaffee rauszutun. Viele von uns tun das. Ein BERGMANN würde sagen: »Hast du 'n Ei am Wandern? Für das Geld macht Omma 'ne Schubkarre Kaffee.«

Mittlerweile gibt es absurd viele seltsame Berufe, die sich namentlich bedeutungsschwanger aufblähen, und wenn man diesen Begriffen die Masken herunterreißen würde, sähe man klarer. Wären nur alle Berufe so klar benannt wie BERGMANN, dann wäre die Parfümberaterin die »Geruchsfrau«, der Dentallaborant der »Maulschmied« und ein »Senior Manager Marketing« schlicht »Reklame-Tünnes«.

Bergmänner sind unsere Heldenfiguren. Das dürfen wir nicht vergessen! Sie fuhren in den Berg, kamen schmutzig wieder raus. Das war ehrliche Arbeit. Ein klarer Auftrag. Hol die Kohle da raus. Das taten sie. Und sie erschufen Sprachschätze. Wissen Sie, was ein HASENBROT ist? Das waren die belegten Brote, also eigentlich KAROS, so nannte man die, man hatte ja nicht den ganzen Tach Zeit, das waren die Karos, die Muttern für die Arbeit schmierte, und wenn der Bergmann die nicht komplett aufbekam, brachte er den Rest den Hasen, also den Kindern mit. Die Brote wellten sich dann schon ein bisschen, aber die Hasen aßen sie gern. Das sind Hasenbrote. Beim Billigbäcker am Bahnhof gibt's die ja heutzutage schon fertig gewellt. Da muss keiner mehr für zur Arbeit. Die Zeiten ändern sich.

Oder: Wissen Sie, woher »weg vom Fenster« kommt? Viele, viele Männer kamen irgendwann krank heim, dann hatten sie, wie der Bergmann es gern nüchtern verkürzte, »Staub«, also eine Staublunge, und dann rannte man nicht mehr durch die Gegend, dann saß man, weil man so schlecht Luft bekam, im Fenster und betrachtete, was es in der Siedlung zu betrachten gab, und dann starben diese Männer, niemand blickte mehr in die Siedlung, und dann sagten die anderen Bergleute: »Er ist weg vom Fenster«, eine viel liebevollere Formulierung, als es heute den Anschein hat.

Die Kumpels haben sich immer geholfen. Auch in ihrer Freizeit! Da war einer für den anderen da, da wurde gewerkelt und Hand angelegt, da ging man am Ende des Tages zum Kumpel nebenan, wenn der ein paar Tage schlecht zurecht gewesen war, und erklärte: »Erich, ich hab dir hinten am Garten den Zaun hochgezogen.«

Und Erich dann: »Du, ich brauch gar keinen Zaun.«

»Na, jetzt hasse einen.« Und dann trank man ein Bierchen. Bergleute.

Was haben diese Männer geschuftet. Sich die Gesundheit ruiniert. Für uns alle.

Wissen Sie: Ich mag das ja sehr gerne mit den umgestrickten Zechen, den Industriedenkmälern, die jetzt Ausstellungen beherbergen, in denen Filme gezeigt werden, Kabarett läuft, Schulungen, was Sie wollen. Für die Menschen von nah und fern sind wir ein echter Reisegrund. Die Region zählt mittlerweile fünf Millionen Übernachtungen, und da sind die, die hier wohnen, noch gar nicht mit drin. Touristen! Da machen wir nix verkehrt. Aber eins stört mich doch ein bisschen.

Ernsthaft, Freunde: Wir schrauben Tausende Bäume übereinander und nennen es den größten Weihnachtsbaum, wir sind selbstironisch genug, die A 40 »Ruhrschnellweg« zu nennen, und 2027 macht die Metropole Ruhr die Bundesgartenschau. Wir können was. Können wir dann nicht auch vor jedes Industriedenkmal eine Statue stellen, mannshoch, in Bronze oder so, und die zeigt IHN dann, in voller Größe, den Bergmann, das Gesicht müde, aber mit einem Lächeln, die Hand auf der Tasche mit den Hasenbroten, in alle Ewigkeit?

Na ja. Das hier ist nichts weiter als eine Laudatio. Vier Knoppers, Leute. Aber denken Sie trotzdem mal drüber nach.

Danke.

Der Tod

Liebe Trauergemeinde, schön, hier zu sein. Nice. Was geht bei euch? Alter, ich bin so durch! Grade rein, im Hotel eingecheckt und jetzt direkt hier on stage in front of the Grube. BÄMM. Kennt ihr das auch? Du kommst ins Hotel, und die Trulla hinterm Tresen sofort: »Hatten Sie eine gute Anreise?« Und dann ist VÖLLIG EGAL, was du sagst. Ich so: »Gute Anreise? Nein, entsetzlich, ich bin mit Rollkoffer, nackt und in Flammen die A2 runtergerannt, dann gestürzt, frischer Teer, kochend heiß, Brustwarzen weg, ab Bielefeld dann auf allen vieren, Fremde haben mich bespuckt, und dann endlich hier am Bahnhof, kein Taxi da, nur 'ne Kutsche, auf dem Bock ein Buckliger, der sagt, DER GRAF ERWARTET SIE, und ich steig ein und die Kutsche verwandelt sich in 'nen Kürbis und, BUMMS, sitz ich wieder mit dem Arsch auf der Straße!« Und die Frau hinterm Hotel-Tresen: »Das freut mich, Frühstück ist von sechs bis zehn.« Aber original!

Themawechsel. Der Jürgen ist tot. Kennt ihr das auch?

Nein. Kennt ihr nicht. Von uns war noch keiner tot. Nix Genaues weiß man nicht. Ob wir im Jenseits unsere Liebsten wiedertreffen? Keine Ahnung. Ist das wichtig? Die Zeit jetzt muss genutzt werden. Für uns Menschen ist der Ablauf sowieso immer der Gleiche. Erst mal nix, dann Zeugung durch Dritte, dann der anstrengende Teil, also Leben, dann wieder nix. Die Regeln stehen fest. Digger – gut, dass wir nicht unsterblich sind. Unsterblichkeit könnte nämlich bedeuten, dass aufgrund der Überbevölkerung die Kaltmieten ziemlich anziehen, und dein Vermieter, der schon mit 60 ein echter Pisskopf war, ist dann 212 und völlig ungenießbar. Klar, oder? Warum sind wir also traurig? Wovon sind wir überrascht?

Wissen Sie: In den allgemeinen Geschäftsbedingungen des Lebens steht, und das noch nicht mal im Kleingedruckten: Leute, macht, was ihr wollt, die Pointe ist immer dieselbe: Wir sterben. Klar, der Tod ist das Ende der Sozialkontakte: Der Verstorbene steht einem nicht mehr uneingeschränkt zur Verfügung. Gespräche bleiben irgendwie einseitig. Aber warum trauern wir dann nicht auch um Menschen, die noch gar nicht gezeugt wurden? Niemand läuft hinter fremden Leuten her, zeigt auf deren Unterleib und brüllt »Los! EJAKULIERE! Zeug mir einen besten Freund! Nennen wir ihn Joachim! Er soll gut in Minigolf sein und Barclay James Harvest mögen! LOS! Er fehlt mir!« Genau, macht keiner. Zu abstrakt. Zurück zum Tod.

Jetzt mal im Ernst: Den Verstorbenen juckt nix mehr. Das soll nicht pragmatisch klingen, sondern tröstlich. Da ist kein Schmerz mehr. Er hat besenrein übergeben, pellt sich ein Ei auf den nächsten Lohnsteuerjahresausgleich, und da, wo er ist, benötigt er nichts. Der Stress hat ein Ende, und der Tod hat noch jede Krankheit besiegt.

Wir Hinterbliebenen machen natürlich weiter Bohei: der Kaffee nach der Beerdigung, Streuselkuchen, das Schwarz, Kränze, Beileidsbekundungen in halben Sätzen. Wir ritualisieren den Tod wie die Bekloppten und verschlimmern damit das Leid. Man sollte jedem 50 Euro geben, der bei der Beerdigung laut einen fahren lässt. Ich finde, bei jedem Begräbnis sollte es Pflicht werden, dass ein Ballonzauberer anwesend ist. Eigentlich sollten Trauerreden nur von Markus Krebs gehalten werden. Wir müssen uns entspannen. Alles andere würde der Verstorbene als verkrampft empfinden – wenn's ihm nicht grad so egal wäre. Es gehört alles zum Plan.

Der Tod ist unumkehrbar, du kannst nicht handeln, oder 5 GB nachkaufen, oder mit einer Null-Sterne-Bewertung drohen. Er kommt. Aber du lebst noch! Also lassen wir locker. Der Mensch denkt, wenn er 40 Jahre mit denselben Zahlen Lotto spielt, gewinnt er irgendwann. Das ist süß. Nutzen wir unser Hirn lieber, um uns zu erinnern an unsere lieben Toten. Und an den Typen, der ernsthaft am Grab gefurzt hat. Und wenn der Tag gekommen ist, und das hoffentlich keine Minute zu früh, an dem Sie aus dem Diesseits ausstempeln und das warme Dunkel betreten und Ruhe Sie umfängt – dann ist auch gut.

Falls Sie allerdings eine Stimme hören, die fragt: »Hatten Sie eine gute Anreise?«, dann antworten Sie: »Absolut.«

Und wenn Ihnen die Stimme bekannt vorkommt: umso besser.

Der Deutsche Kleinkunstpreis 2018

Sehr geehrte Damen und Herren, verehrte Zuschauerinnen und Zuschauer – danke! Danke dafür, dass ich den Deutschen Kleinkunstpreis in den Händen halten darf. Ich räume ein: Bis vor einiger Zeit dachte ich, Kleinkunst wäre, wenn dir einer auf der Kirmes deinen Namen auf ein Reiskorn malt – ich bin aber über die Maßen erfreut, dass dem nicht so ist. Meine Damen und Herren: Die Welt ist im Wandel. Mehr habe ich zu diesem Satz jetzt nicht vorbereitet. Aber wenn ein 5-sekündiger Ausschnitt von dieser Rede auf CNN läuft, soll es der sein, in dem ich in einem ausnahmsweise ordentlich sitzenden, aber nichtsdestotrotz im Preissegment deutlich unter hundertfuffzig Euro angesiedelten Sakko stehe und sage: Die Welt ist im Wandel.

Ich fang noch mal an.

Liebe Anwesenden und Anwesendinnen, ich möchte mich sehr herzlich für diesen Preis bedanken und für diese schöne kleine Laudatio vorhin, obwohl ich immer dachte, eine Laudatio sei eine Rede für einen Rennfahrer mit angebrannten Ohren. Wie dem auch sei: Als mich im Spätherbst 2017 über meinen tragbaren Fernsprecher die Kunde erreichte, ich, und ich möchte nun nicht sagen AUSGERECHNET ich, sondern einfach ich, hätte was gewonnen, war ich platt. Zuerst dachte ich, es wäre die Redaktion von FRAU AKTUELL, weil ich im Wartezimmer meines Urologen das illustrierteninterne Kreuzworträtsel gelöst hatte, und da waren als Gewinn immerhin 50 Euro ausgelobt, und haben ist besser als brauchen. Das Lösungswort lautete übrigens BLÜTENSTANDSTYP. Meine Recherchen ergaben ...

Ernsthaft. Zwischenfrage! Wer von Ihnen hat erstmals das Wort RECHERCHEN gelesen und auch gedacht: WATT SIND DEN RECHER-CHEN? Kleine Harken, und ganz kleine dicke Männer harken damit so ein winziges Feld, um winzige Kartöffelchen ... egal.

Also: Meine Nachforschungen ergaben, dass BLÜTENSTANDSTYP eine spezielle Sorte Pflanzen meint. Zum Beispiel Ähren. Und mir ist es eine Ähre, heute hier stehen zu dürfen ...

Soll ich noch mal anfangen? Ich fang noch mal an.

Sehr geehrte Damen und Herren, es war Francis Bacon, der sagte:

»Nicht die Glücklichen sind dankbar. Es sind die Dankbaren, die glücklich sind.«

Francis Bacon, den ich lange für den Erfinder des Frühstücksspecks hielt, liegt richtig. Falsch liege ich damit, dass er den Frühstücksspeck erfunden hat. Das war natürlich Kevin Bacon. Oder Karsten Speck. Es spielt ohnehin keine Rolle. Wenn Sie so was jeden Morgen essen, sind Sie heute gar nicht hier. Doch Sie sind, und das erfüllt mich mit beidem: Glück und Dankbarkeit.

Die Dankbarkeit überlappt das Glück so um zwei Zentimeter, weil Glück naturgemäß etwas flüchtiger ist als Dankbarkeit, aber spüren kann ich beides. Und Stolz. Auch noch. Und ein bisschen Zweifel. Ernsthaft. Ich stehe heute vor Ihnen, in einem Sakko, das ich in Magdeburg gekauft habe und das ehrlich gesagt unter 99 Euro gekostet hat, und frage mich ein bisschen, nur ein bisschen, wirklich nicht viel, aber ich frage mich, ob ich diesen Preis verdient habe. Das sind die üblichen gewachsenen Selbstzweifel, die einen ab und zu anwehen. Ist auch albern, dagegen anzukämpfen. Mal ist man gut, dann lachen die Leute, mal verreckt einem das Material. Dann kucken sie einen an mit diesem »Kommt da noch was?«-Blick. Passiert schon mal. Wissen Sie: Mein Großvater fiel in Stalingrad. Gut, er stand wieder auf, fuhr nach Hause und wurde später in Duisburg vom Bus überfahren. Das ist jetzt ein klassisches Beispiel. Ein Paar hier fanden's lustig. In Baden-Baden keiner. Da hab ich mich dann damals mit 'nem Flammkuchen für 29 Euro drüber weggetröstet. Vielleicht bin ich zu selbstkritisch. Vielleicht auch nicht genug. Schwer zu sagen. Wer bin ich schon? Ein Typ, der vorliest. Gut, ich schreib das alles selbst, aber dann lese ich es oft einfach vor. Wenn ich das nicht tue, sondern auswendig lerne, dann trage ich das vor und es klingt MEGA AUSWENDIG GELERNT. Ich verrate Ihnen ein Geheimnis: Ich überlasse nichts dem Zufall. Ich schreibe es auf, ich lese es vor, und ich mache mir Markierungen aufs Blatt, wo die Daumen hinsollen!

Ich gebe allerdings zu, dass ich die Seiten zwar nummeriere, aber alle mit einer 5. Wenn ich deswegen durcheinanderkomme, ist das ohnehin egal. Weil Sie vermutlich gar nicht merken, wenn ich mich in der Seite vertue. Der soeben gehörte Satz zum Beispiel ist tatsächlich der vorletzte Satz dieser Rede, fast ganz am Ende, kommt also eigentlich erst in etwa zwei Minuten, aber das ist Ihnen jetzt gar nicht aufgefallen. Wie auch?

Und spielt das eine Rolle? Nein. Wir leben in Zeiten, die verworren und absurd genug sind, in der Zeit von Liegefahrrädern, Grobheit, Liedern wie »Cotton Eye Joe«, ich mein, wer soll das sein? Baumwollaugen-Josef? Die Vereinigten Staaten werden von Bozo dem Clown regiert, bei uns gibt es SANIFAIR BONS, in den USA bekommst du vermutlich eine automatische Schusswaffe, wenn du kacken warst, und niemand weiß, was noch kommt. Vermutlich die Penispumpe für den Thermomix. Ich habe keine Antworten, nicht mal auf die meines Postboten, wenn er fragt: HAM SIE DAS SCHLECHTE WETTER BESTELLT? Ja, und ich hab 5 Euro extra bezahlt, damit es vor 12 da ist.

Viele Dinge sind mir einfach unklar. Und andere nerven mich. Beispiel. Kennen Sie das auch? Ihr Arzt hat Ihnen Tabletten verschrieben, harte Klopper gegen Schmerzen, so IBU 1000, und beim Abholen sagt der Apotheker: »Also wenn Sie die nehmen, dürfen Sie keine schweren Maschinen bedienen!« Und GENAU AN DEM TAG haben Sie 'n Braunkohlebagger gemietet? So zum Rumfahren? Nein? Schade.

Und die Menschen werden immer unhöflicher! Früher war nicht alles schlecht. Warum kehren wir nicht zurück zur Höflichkeit unserer Vorväter! Wenn dir dann jemand auf der Straße im Weg steht, sagt der sofort:

»Pardon, mein Herr. Ich war einen Moment einer unverzeihlichen Unachtsamkeit anheimgefallen.«

»I wo«, erwidert man dann, »die Verfehlung ist bei mir zu finden. War ich doch in Eile, um noch beim Krämer eine kapitale Dose Schuhwichse einzuholen. Und Emsigkeit geht oft zulasten der Sorgfalt.«

Und er dann: »Oh nein, dass ich hier auf dem Trottoir Maulaffen feilhalte, ist nicht zu entschuldigen. Verfahren Sie mit mir nach Gutdünken, so es Ihnen kommod erscheint!«

Sie sagen dann: »Ich vergebe Ihnen, mein Herr, stets zu

Diensten und noch einen guten Tag. Küss die Hand, Gruß an die Gattin.«

Ist doch wahr. Ich ziehe auch meinen Hut vor allen Kollegen, die das politische Parkett im Auge behalten und daraus was Gutes machen, ich kann das nicht. Hier, Beispiel:

Die EU. Die Türkei will unbedingt rein, die Engländer unbedingt raus. Mein Vorschlag: Gebt den Türken Großbritannien.

Fertig.

Unbefriedigend.

Was ich beruflich tun darf, ist ein Geschenk. Ich darf Sie zum Lachen bringen. Halbtags. Für Geld. Vielen Dank. Ich war mir eigentlich sicher, dass mein etwas kruder Humor nur für vier Leute gut ist, und einer davon bin ich. Aber dann kommen plötzlich Leute. Dafür bin ich dankbar. Sie heute hier, also die Menschen, die ich sehen kann, das Publikum, Sie bedeuten meinen Kollegen und mir sehr viel.

Klingt kitschig. Jaja.

Um noch einen draufzusetzen: Ich hab Sie lieb.

Das ist das, was ich grade fühle.

So. Ist wieder weg. Nein! Echt. Und wenn ich jetzt hier stehe, in meinem Sakko, das jetzt mal GANZ EHRLICH unter 49 Euro gekostet hat, aber trotzdem ganz gut sitzt, dann fühle ich Dankbarkeit – dafür, dass es Sie gibt, dafür, dass Sie mich im Rahmen meiner Möglichkeiten machen lassen … und für diesen wundervollen Preis, und das Preisgeld, das ich spenden werde, um, wie man so schön sagt, was zurückzugeben, und dafür, dass ich hier zu Ihnen sprechen durfte. Vom Blatt.

Ich gebe allerdings zu, dass ich die Seiten zwar nummeriere, aber alle mit einer 5. Wenn ich deswegen durcheinanderkomme, ist das ohnehin egal. Weil Sie vermutlich gar nicht merken, wenn ich mich in der Seite vertue.

Danke für Ihre Aufmerksamkeit.

Letzter Teil:
Im Rahmen
meiner Möglich-
keiten –
das Special

Vorwort 6

Als ich seinerzeit mein Programm ES IST NIE ZU SPÄT, UN-PÜNKTLICH ZU SEIN schrieb, bestand das Gerüst aus den nun folgenden Geschichten. Bald war es mir zu starr, mein Programm wucherte vor sich hin, ich stopfte es mit Texten und Einfällen voll (KONG zum Beispiel finden Sie hier im Buch; SMS AN MUTTER auch), irgendwann war's drei Stunden vierzig lang, die ersten Zuschauer kamen mit Schlafsäcken und belegten Broten, also gliederte ich dieses Gerüst aus und schnitzte daraus ein 45-minütiges Special für 3sat.

Zuerst wollte ich dieses Special ELTERN HAFTEN AN IHREN KINDERN nennen.

Habe ich auch so durchgegeben beim Sender. Dann fiel dem großartigen Kollegen Martin Zingsheim auf, dass er jüngst ein Buch geschrieben hatte – mit diesem Titel. Ach, Käse, dachte ich. Dann nehme ich als Titel eben: DER TITEL IST EGAL. Guter Name. Aber, kein Quatsch: So heißt die CD von Martin Zingsheim. Im Ernst jetzt. Und dann dachte ich, ALTER, es muss doch möglich sein, im Rahmen meiner Möglichkeiten ... und dann dachte ich: Stopp! Guter Titel! Und da wären wir. Passt super. Ich bin ja jetzt nicht grade ein Intellektueller. 95 Prozent meiner Bildung habe ich aus Filmen. Peinlich, aber wahr. Ich war nicht gut in der Schule.

Jedenfalls: Wie das nun Folgende auch heißt, ich mag es immer noch sehr, sehr gern. Während ich dies schreibe, im August '19, ist dieses Special für den Deutschen Comedy-preis nominiert worden. Aber während Sie das hier lesen, ist die Nominierung bereits vier Monate her, der Comedypreis ist vorbei, und wir beide wissen, was ich jetzt schon ahne: Habe nicht gewonnen. Stimmt's? Ha-Ha!

Nicht so wichtig. Ist trotzdem gut. Viel Spaß.

Bring doch ein Mal im Leben was zu Ende 1

Das war einer der Lieblingssprüche meiner Mutter. Ich habe allerdings bis heute keinen Schimmer, was sie mit »Bring doch ein Mal im Leben was zu Ende« meinte. Also, ich habe meine Ausbildung zum Schneider gemacht, die Bundeswehr, weitestgehend auf allen vieren, aber immerhin gemacht, Führerschein gewuppt ... also keine Ahnung, echt. Ich war kein guter Schüler, okay, aber ich hatte nie Probleme mit der Polizei. Also Beef mit den Cops. Malässen mit dem Schupo. Sie wissen schon. Im Gegenteil! Mein erstes Zusammentreffen mit der Staatsgewalt empfand ich seinerzeit als überaus erhellend.

Halterner Stausee

Das war irgendwann Anfang der Neunziger. Damals war ich mit meinen Freunden immer am Baggersee. Ich hatte nämlich kein Geld. War gerade mit der Ausbildung zum Schneider fertig, fand aber keine Arbeit, weil dazwischen die Industrielle Revolution stattgefunden hat. Also hatte ich nicht mal Kohle fürs Freibad. Deswegen geh ich heutzutage so häufig ins Freibad. Einfach aus Nostalgiegründen.

Damals fuhren wir allerdings an den Baggersee nach Haltern. Traumschön. Eine Kuhle seit Jahrtausenden stehenden Wassers. Für mich aber schnell zu erreichen. Und umsonst. Ich war immer mit meinem alten PASSAT, keine Klimaanlage, hatte noch so etwa 20 Minuten TÜV. Und dann lagen meine Freunde und ich den ganzen Tag am Baggersee. Und dann an einem dieser Tage, es war sehr heiß, holte ich mir den übelsten Sonnenbrand. Sechs Stunden hatten wir alle mit Bierchen in der Sonne gelegen, irgendwann war ich eingenickt. Ich wachte am Spätnachmittag auf und fing quasi sofort an zu schreien. Ich war vollkommen verbrannt. Auch zwischen den Zehen und auf dem Zahnfleisch. Es muss schrecklich ausgesehen haben, denn wildfremde Leute kamen zu mir und sprachen mich in schlechtem Englisch an: »Are you ready here, this must be hurt.«

»Jaja«, sagte ich, »ich glaub, ich muss mal zum Arzt.« Dann habe ich versucht, mich anzuziehen, aber das ging nicht. Zu starke Schmerzen. Also dachte ich mir, 20 km bis nach Hause, fährst du nackt. Ich band mir ein Handtuch um die Hüften und humpelte zum Auto. Damals stieg man im Sommer ins Auto, indem man die Fahrertür aufriss und dann 5 Meter weit weg sprang, um die Oberhitze entweichen zu lassen. Aber ich konnte so lange warten, wie ich wollte, irgendwann musste ich doch nackt auf die kochenden Kunstledersitze. Ich setzte mich in den Wagen und versuchte, mit den Fingerspitzen einen Gang einzulegen. Als mir einfiel: Ich hab ja noch 'ne Dose NIVEA im Auto! Heutzutage wird NIVEA ja in sehr kleinen Gebinden verkauft, so MICKEY-MAUS-Döschen, für Flugreisen und so. Damals waren NIVEA-Dosen so groß wie der Esstisch einer achtköpfigen Familie! Diese Dosen wurden niemals leer. Vielmehr wurden sie vom Vater auf den Sohn vererbt, nach dem Motto: Dem Papa geht's nicht gut, kann ich mich nächste Woche eincremen. Nur alle 30 Jahre wurde eine neue Dose angeschafft, man bestellte sie aufwendig beim Krämer, dann wurde sie geliefert, indem zwei Handlungsgehilfen sie herbeirollten, und an dem Tag wurde auch gefeiert, mit Kalter Schnauze und Grillen und abends wurde gewürfelt, wer bei der Dose die Folie abziehen darf. Gut, man machte das eh mit vier Personen.

Um hier mal abzukürzen: Im Auto noch cremte ich mich ein, 10 cm dick, am ganzen Körper. Ich sah aus wie der YETI. Da hätte ich meinen Schlüsselbund drin verstecken können. Und als ich mich anschnallte, versank der Gurt. Tat aber gut.

Während der Fahrt kurbelte ich die Fenster runter und hörte eine Kassette meiner damaligen Freundin. Wir hatten uns nach zwei Tagen auseinandergelebt, die Kassette war aber noch da. Der Wagen selbst taugte zwar nichts, aber die Anlage war gut, jedenfalls hörte ich sehr laut BARBIE-GIRL der schwedischen Band AQUA, und dann fuhr ich in Haltern in einen Kreisverkehr, und falls Sie es nicht wissen, damals waren Kreisverkehre die Raupe der Geringverdiener, also drehte ich ein paar Runden, schon wegen des Fahrtwindes, und dann hörte ich hinter mir eine Lautsprecherdurchsage.

Mir kam mein Verhalten völlig normal vor. Ich räume aber rückblickend ein, dass ein dick weiß eingeschmierter, ansonsten aber nackter Mann, der in einem örtlichen Kreisverkehr Karussell fährt, während in Konzertlautstärke I'M A BARBIE GIRL, IN A BARBIE WORLD aus dem Wageninneren dröhnt, kein gutes Bild abgibt. Ich musste dann mal kurz rechts ran. Der Polizist sagte: »Wissen Sie, warum wir Sie anhalten?«

Ich: »Rücklicht kaputt?«

Er: »Raten Sie noch mal.«

Sie haben es mir dann erklärt.

Flummi

Ich war ja auch mal jung.

Will sagen, was immer es an Aussagen gibt, die eine Mutter gegenüber einem Kind tätigen kann: Ich habe es vernommen. Das Zimmer räumt sich nicht von alleine auf! Meinst du, ich stehe den ganzen Tag umsonst in der Küche?! Das kannst du so machen, wenn du mal auf eigenen Beinen stehst – und, mein persönlicher Liebling: Wir sind hier nicht bei den Hottentotten.

Stimmt, habe ich immer gedacht, sind wir nicht. Klang aber verlockend.

Die Hottentotten durften folglich sicher alles, was mir verwehrt blieb. Zum Beispiel überaus komplexe REVELL-Bausätze von Flugzeugen mit in die Wanne nehmen – was ich nicht durfte, weil sich diese Modelle im Würgegriff von Warmwasser und SCHAUMA-Shampoo in ihre sämtlichen acht Milliarden Teile zerlegten, und dann schwammen diese kleinen Teile überall herum, und wenn man aus der Wanne kam, klebte einem ein Propeller am Pimmel. Aber das war den Hottentotten hundertpro egal.

Ich war auch sicher, dass die Hottentotten vor nichts Angst hatten. Ich hingegen hatte Angst vor der Reklame für **Kellergeister**, eine Spirituose, die als Bewirtungshighlight von irgendwelchen Koteletten-Manfreds aus der Aufklapp-bar gezaubert wurden, wenn es gemütlich wurde. 70er-Jahre eben.

Auf der Flasche waren Gesichter, die aussahen wie diese Mönche aus der Verfilmung von DER NAME DER ROSE.

Wurde in dem Film eigentlich irgendwann mitgeteilt, wie der Name der Rose lautet?

Sagt da einer zu Sean Connery: »Gut, dass Ihr da seid, Herr von Baskerville. Wir haben eine entsetzliche Mordserie im Kloster. Mysteriös und unheimlich. Die Rose hier heißt übrigens Bärbel Schröder-Löhnhoff. Bitte helfen Sie uns!«

Wo war ich? Kellergeister. Schlimm. Hat aber hiermit nichts zu tun.

Die Hottentotten hätten sicher auch Matthias Kubiak zur Räson gebracht. Matthias Kubiak, der mir in der fünften Klasse das Schönste wegnahm, was ich bis dahin besaß: meinen Flummi. Es war nicht irgendein Flummi, nicht so ein Fünfzig-Pfennig-Klumpen aus dem Kaugummiautomaten, sondern eine prächtige, glitzernde, nahezu faustgroße Gummikugel, milchig transparent, innen mit einer Galaxis aus glitzernden Fragmenten irgendeiner metallischen Substanz ... also ein Meisterstück, makellos herausgelöst aus der Drehbank einer kleinen Flummi-Fabrik in vermutlich Ostwestfalen, mit einem weichen Tuch poliert, und dann mit leiser Wehmut dem Verkauf überantwortet.

Für dieses Kunstwerk hatte ich mein Taschengeld gespart und versucht, mir was dazuzuverdienen, indem ich für eine Mark pro Hektar Rasen mähte. Und erst innehielt, als der Nachbar mir sagte, er würde mich ja verstehen, aber ich könne trotzdem keinesfalls achtmal am Tag mit dem Benzinmäher über dieselbe Wiese knüppeln ... Und nach vier Monaten der Entbehrung und der gefühlten Handrodung des Sauerlands hatte ich das Geld zusammen: sieben Mark neunundneunzig.

Das kostete der Flummi. Sieben Mark neunundneunzig.

Das war zu D-Mark-Zeiten.

Heute wäre es das Doppelte, und dann noch in Euro.

Kloppt man die Inflation der letzten vierzig Jahre drauf, sind wir locker bei zweihundertfünfzig Euro.

Und jetzt stellen Sie sich vor, es wäre 2018 und wir wären in Großbritannien, und überschlagen Sie das mal eben, mit Brexit und allem, das würd ja explodieren, da sind wir locker bei 900 Britischen Pfund. Für einen Flummi! Das ist doch Wahnsinn!

Da bekommt man in Polen ein Moped für, und wenn Sie das mit Gewinn verticken, gehen Sie glatt mit 'nem Tausender raus. ... Für einen Flummi!

Und so ein guter Flummi, das war das, was heute APPLE ist: Kann nicht so viel, das aber perfekt. Das war ein in sich geschlossenes System. Und was da vollmundig versprochen wurde, das funktionierte auch. Sie verstehen: Rund, Gummi, OINK.

Jetzt wissen Sie, wie ich mich fühle.

Ich brachte meinen Flummi damals stolz mit in die Schule, und in der großen Pause umringten mich alle anderen Kinder.

Und dann trat Matthias Kubiak hinzu.

Er war weder Kamerad noch Nemesis.

Ich empfand nichts für ihn.

Was man von ihm wusste, war indes beunruhigend. Er wohnte bei seinem Onkel, der ein Gehöft besaß, und aß nur Fleisch. Allzu oft hatten wir ihn das Brötchen wegwerfen sehen, um dann zu beobachten, wie er Schinken durch einen Strohhalm zog.

Er war ein grobschlächtiger Junge mit Händen wie Bratpfannen und muskulösen Füßen.

Wir ahnten, woher das rührte.

Er trug die Beine seiner Röhrenjeans über den Gummistiefeln, und wer das schon mal versucht hat, sich in aller Herrgottsfrühe den knallengen Hosenstoff über die unförmigen Kautschuk-Kluntern zu zerren, der weiß: Dafür musst du aus einem besonderen Holz geschnitzt sein, sonst zerbrichst du daran – oder gehst eben barfuß zur Schule.

Seine Kraft war unermesslich, er selbst so beschränkt wie nur was. Sein Wortschatz schien zudem ein bisschen limitiert. Nach zwei Jahren Schule waren wir fast sicher, dass er nur folgende Formulierungen benutzte:

»Gib her!« – »Aus Holz.« – »Wie viel PS?« und »Gebraten«.

Kubiak trat dicht an mich heran und nahm mir den Flummi aus der Hand. Er betrachtete ihn kurz, als prüfe er ihn auf Gefahrenpotenzial oder Essbarkeit, dann schwoll sein Unterarm unter der Spannung seiner Muskeln, ich sah wie in Zeitlupe, wie er den Arm hob …

Und in einem Akt viehischer Gewalt drosch er den Flummi auf den Boden.

Dieser tickte mit einem lauten FADUMPF auf und wurde hochkatapultiert … hoch über unsere Köpfe. In den Himmel, kometenhaft.

Unglaublich.

Diese Kraft. Wir alle blickten der Gummikugel hinterher. Lange. Dann gongte es. Die Pause war zu Ende.

Gegen zwei holte mich meine Mutter von der Schule ab. Mein Religionslehrer hatte sie angerufen.

Ich stand noch immer da, neben mir der Lehrer, und blickte in den Himmel.

»Komm mit«, sagte sie.

»Er ist noch nicht wieder runtergekommen«, sagte ich.

Meine Mutter wandte sich an den Lehrer.

»Was bringen Sie den Kindern in Religion für einen Scheiß bei?«

»Der Flummi ist noch nicht wieder runtergekommen«, sagte ich.

»Von wo?«, fragte meine Mutter.

»Wie von wo?«, erwiderte mein Lehrer.

»Wo ist der Flummi meines Sohnes?«

»Noch nicht wieder runtergekommen«, sagte ich.

Das Gespräch brachte keinem was.

»Ich gehe nicht ohne meinen Flummi nach Hause«, sagte ich.

»Doch«, sagte meine Mutter.

»Nein.«

»Doch. Wir sind hier nicht bei den Hottentotten!«

»Ja, eben«, sagte ich. Dann standen wir eine Weile schweigend da.

Aber der Flummi kam nicht wieder runter.

Zu Hause aß ich kaum. Ich trank immerhin AHOI-BRAUSE aus der Tüte. Ich liebte dieses Zeug. Zumindest bis zu jenem Tag, als ich DIE BLECHTROMMEL sah, wo in einer Szene dieser wachstumsgestörte Wüstling mit Spucke und Brause im Bauchnabel der Kaltmamsell rumlullert. Ab da nur noch FANTA.

Am Abend reifte in mir ein kalter Gedanke, und als im Haus das Licht erloschen war, nahm ich meine Taschenlampe aus der YPS und schwang mich aufs BONANZA-Rad. Ich orientierte mich am Mondlicht, fuhr acht Kilometer in die falsche Richtung – und orientierte mich ab da an den Straßenschildern.

Irgendwann kam ich zu Kubiaks Gehöft. Es war dunkel. Ich trat auf einen Hahn. Das stimmt nicht – der Sitz klingt nur so geil. ICH TRAT AUF EINEN HAHN.

Wie ein Romantitel von Hemingway. *Wem die Stunde schlägt, Schnee auf dem Kilimandscharo, Ich trat auf einen Hahn.* Ich schreibe dies nur, um nicht zu schnell zu den folgenden schmerzlichen Zeilen kommen zu müssen.

Denn ich kletterte am Haus hinauf zu der Stelle, an der ich Kubiaks Schlafstube vermutete. Alles lag in Finsternis. Ich klopfte an die Scheibe. Nach einigen Sekunden erschien Kubiak am Fenster.

Er öffnete mir das Fenster. »Wo ist mein Flummi?«, sagte ich.

»Wo er hingehört«, erwiderte Kubiak. Dann griff er hinter sich und reichte mir einen Stapel Hefte. Es waren mehrere Ausgaben der BRAVO. »Hier. Werd mal erwachsen. Und jetzt verpiss dich.«

Er schloss das Fenster. Weinend radelte ich heim. Immerhin. Er konnte auch noch andere Worte.

Meine Mutter kaufte mir dann einen neuen Flummi. Mein Bruder ebenfalls. Plötzlich hatte ich zwei. Begründung meines Bruders: »Da wirste mit einem nicht auskommen.«

Ich wuchs heran, begann, die BRAVOs zu lesen, vergaß den Flummi aber nicht. Aber ich stellte immerhin fest: Ich war normal. Denn wenn es nach der BRAVO ging, war jeder normal. Das Doktor-Sommer-Team fand alles normal.

»Lieber Doktor Sommer, ich habe schon Schambehaarung, allerdings nur ein Haar, und das ist jeden Morgen drei Meter lang, ist das normal?«

Ja. Normal.

Oder:

> »Lieber Doktor Sommer, ich möchte gern mein Meerschweinchen aufessen.«

Ist normal.

Oder:

> »Lieber Doktor Sommer, ich bin elf und träume davon, Sex mit entstellten Schornsteinfegern zu haben!«

Völlig normal, Uwe.

Oder:

> »Lieber Doktor Sommer, wie heißen Sie im Winter?«

Alles völlig normal.

Ich schrieb Doktor Sommer nicht.

Und ich habe mir nie wieder einen Flummi gekauft. Sicher, mit den Jahren fand ich heraus, dass man Gummi in Formen bringen kann, die auch Spaß machen, aber ich kam eigentlich nie über den Verlust meines Flummis hinweg.

Mit Kubiak habe ich nie wieder gesprochen. Keine Ahnung, was er heute macht. Vielleicht fährt er den ganzen Tag Trecker. Oder unterrichtet Philosophie. Oder wirft Carepakete in Krisengebiete. Mit der Hand. Von Castrop-Rauxel aus. Ich versuche mich nicht zu viel mit der Vergangenheit zu befassen. Die Vergangenheit ist ohnehin nur eine muffige, abgetragene Gegenwart. Und die Welt dreht langsam durch. Es gibt gewiss wichtigere Probleme als meinen Flummi: Terror, religiös Verblendete, Faschismus, Hunger, Elend, zu wenig vegane Kitas … Die Probleme häufen sich. Da ist mein Flummi nix gegen. Trotzdem liege ich nachts gelegentlich wach und denke: Wo sind die Hottentotten, wenn man sie braucht?

Na ja. Meine Familie und ich haben uns immer wieder zusammengerauft. Ich liebe diese Leute! Wenn man kann, sollte man immer in der Nähe seiner Leute sein.

Viele Menschen denken ja, ich sei erst vor wenigen Jahren erstmals im Fernsehen aufgetaucht. Um mal ein Geheimnis zu verraten: Dem war nicht so. Ich nahm bereits Anfang der 90er an einer Folge des *Familien-Duells* teil. Hintergrund war, dass wir eine der Speditionen waren, die für das *Familien-Duell* Filmrollen nach Köln transportierte.

Für die Jüngeren: *Familien-Duell: Was sagen die Leute?* lief in den 90ern im Mittagsprogramm von RTL und bestand darin, dass Teams, deren Mitglieder angeblich miteinander verwandt waren, Begriffe erraten mussten, die andere Leute angeblich auf eine bestimmte Frage genannt hatten. Jede Aufgabe für die Kandidaten wurde eingeleitet mit: »Wir haben einhundert Leute gefragt ...«. Klingt kompliziert? War es auch. Es ging jedenfalls nicht um richtig oder falsch, sondern darum, zu erspüren, was irgendjemand gesagt hatte, der mal in ein Mikrofon sprechen durfte. Aus heutiger Sicht war das ein Konzept wie für die AfD gemacht.

Das *Familien-Duell* wurde damals an der Bornstraße in Dortmund aufgezeichnet. Eines Tages sprach mich bei einer Abholung jemand aus dem Team an, ob ich mir vorstellen könne, mit meiner Familie eine Folge *Familien-Duell* zu bestreiten. Man könne 100 000 Mark gewinnen. Ich sagte ihm direkt: »Danke für das Angebot, aber nein, meine Familie ist nix für draußen.« Man bat mich, ich solle es mir noch mal überlegen. Ich besprach dies mit meiner Mutter, die mir recht gab. Allerdings fragten die Produzenten des *Familien-Duells* noch einige Male nach, und irgendwann wurde es meiner Mutter unangenehm, das war schließlich ein Auftraggeber, und dem konnte man ja nicht ewig alles abschlagen.

Die Aufzeichnung war an einem Dienstagmorgen. Unser Team bestand aus meiner Mutter, meiner Omma, meinem großen Bruder, meinem kleinen Bruder und mir. Ich war damals sehr schlank und hatte volles Haar. Ende der guten Nachrichten.

Werner Schulze-Erdel, damals wie heute ein Showtitan sondergleichen, wies uns an, Kopfhörer aufzusetzen. Die Show startete, Schulze-Erdel sah mich an, ließ mich die Kopfhörer abnehmen und fragte: »Herr Sträter, wir haben auf der Straße 100 Menschen gefragt: Nennen Sie einen Begriff, den Sie verbinden mit Sommer.«

Ich antwortete: »Sand.« Das war falsch, kam nicht vor. Aha, dachte ich.

Mein großer Bruder war an der Reihe. Dieselbe Frage: »Wir haben auf der Straße 100 Menschen gefragt: Nennen Sie einen Begriff, den Sie verbinden mit Sommer.« Mein großer Bruder ist das Genie der Familie. Ein passionierter Schachspieler, Bundesliganiveau. Scheint das einzige Brettspiel zu sein, mit dem man Geld verdienen kann. Zumindest habe ich noch nichts von der Spitz-pass-auf-Weltmeisterschaft in Las Vegas gehört. Er ließ Werner Schulze-Erdels Frage in sich einsickern, erwog sie, dachte nach. Lange. Nach etwa drei Minuten sagte er: »Bis wann brauchen Sie das?«

Zu diesem Zeitpunkt ahnte ich bereits, dass wir uns die 100 000 Mark abschminken konnten. Dann war meine Mutter dran. Sie war die Patenteste von uns allen, der wache sachliche Geist der Familie. Sie hörte die Frage: »Wir haben auf der Straße 100 Menschen gefragt: Nennen Sie einen

Begriff, den Sie verbinden mit Sommer.« Sie antwortete: »Sommer.« Ja, dachte ich, das war gut, nix passte besser, sensationell, also im Prinzip gab es überhaupt kein Wort, das näher an Sommer war als Sommer. Punktlandung. Hammer. Aber irgendwie hatte ich den Eindruck, dass diese Antwort nicht ganz regelkonform war.

Dann war meine Omma dran. Meine Omma war bekanntlich die Beste. In ihrer Drei-Zimmer-Welt aus Buchenkommode, Platzdeckchen und Brokatkissen mit Knick war sie der friedlichste Mensch der Welt, draußen allerdings wurde sie durchaus schon mal sonderbar. Da ließ sie sich an manchen Tagen auch schnell provozieren. Auch schon mal von Wind. Wenn da eine Kassiererin im Supermarkt was Unbedachtes sagte ... uiuiui.

Kassiererin: »Haben Sie einen Euro klein?«

Omma: »Wie soll ich den denn sonst haben? ALS BARREN?«

An diesem Dienstagmorgen war sie allerdings blendend gelaunt. Sie lachte keckernd. Ließ sich noch mal in Ruhe die Regeln erklären, fragte meine Mutter, warum Herr Erdel das wissen wolle, und zu diesem Zeitpunkt hatte ich mit der Geschichte mental komplett abgeschlossen.

Auf Wiedersehen, 100 000 Mark.

Ich hatte allerdings meinen kleinen Bruder vergessen. Er war der Handwerker der Familie. Heute ein kluger, besonnener Familienvater, damals allerdings dumm wie eine Tüte Mücken. Er antwortete auf die allseits bekannte Frage: »Wir haben auf der Straße 100 Menschen gefragt: Nennen Sie einen Begriff, den Sie verbinden mit Sommer« mit nur einem Wort. Mit fester Stimme, im Brustton der Überzeugung: »Gipsplattenverschalung.«

Genau, dachte ich, Gipsplattenverschalung, vermutlich gibt es auf Gottes weitem Erdenrund kein einziges Wort, das von Sommer weiter entfernt ist als Gipsplattenverschalung. Dieses Wort ist tot. Es könnte genauso gut Latein sein, niemand benutzt es. Unfassbar. Chapeau, Bruder, Chapeau.

Wir haben dann 30 D-Mark Fahrtgeld bekommen, das ging genau auf, wir waren zusammen mit dem Bulli da.

Das war mein erster Fernsehauftritt.

Seitdem gehe ich immer ins Fernsehen. So viel es geht. Ich brauche das Geld.

Denn wenn jemals diese Folge von *Familien-Duell* auf You-Tube erscheint, kaufe ich das Internet und stelle es ab.

Die Hottentotten

Ja, meine Familie besteht aus Exzentrikern. Aber mit einem Händchen für Sprache, sieht man mal von Mutters kleiner Entgleisung ab: »Wir sind hier nicht bei den Hottentotten!« Komischer Spruch. Klingt irgendwie rassistisch. Aber meine Mutter war weit davon entfernt, irgendwen auf Grundlage von Hautfarbe und Herkunft zu verurteilen oder abzulehnen. Es war damals einfach ein Spruch. Kein schlauer allerdings. Nur: Woher kommt der Begriff Hottentotten? Ich habe das vor einiger Zeit mal recherchiert.

Also: Schon lange Zeit wohnten im heutigen Namibia und drum herum eine Menge schwarzafrikanischer Stämme, deren Namen für deutsche Zungen eher schwer auszusprechen waren. So weit, so normal. Ab dem 17. Jahrhundert aber kamen die Buren nach Afrika: deutsch- und holländischstämmige Bauern mit ordentlich Knete. Sie siedelten sich an, klaubten alles an Land zusammen und rissen es an sich, und als sie damit fertig waren, sagte so ein Burensohn: Watt sind dat denn für dusselige Stammesnamen hier? Kann ja keiner aussprechen. Die nennen wir jetzt mal schön die Hottentotten.

Daher kommt die Bezeichnung. Von Idioten.

Zu meinen Rechercheunterlagen zählte übrigens auch ein prächtiger Bildband über Afrika, und die Bilder brannten sich mir ins Herz, und da ich noch nie in Afrika war, fuhr ich hin. Und schrieb auf, was ich erlebte.

Afrika-Tagebuch

Mein Koffer ist gepackt.

Der Flug gebucht.

Vor zwei Wochen hat mein Arzt mich geimpft. Mehrfach – in jeden Arm. Gegen Hepatitis A, Hepatitis B, Hepatitis C, Hepatitis K 68, aber mit Nudeln statt Reis, Mumps, Majoran, Meupolopokokken, abstehende Füße, Schweißohren, verschiedene Fiebervarianten, Camp David, die Wermelskirchener Pfingstkirmes und verschiedene Krankheiten, die man erst durchs Impfen kriegt.

Zudem nehme ich seit einiger Zeit vorbeugend Tabletten gegen Malaria, die so teuer sind, dass ich glaube, es wäre finanziell erschwinglicher, einfach alle Moskitos zu impfen.

Ich werde eine Tour machen. Von Namibia über Botswana nach Simbabwe.

Morgens um 5. Ich lande in Windhoek, Afrika. Die Zeitverschiebung beträgt eine Stunde. Keine Ahnung, warum. Dafür ist hier gerade Winterzeit. Effektive Zeitverschiebung also unterm Strich: eine Stunde und sechs Monate. Nun ja.

Mein Handy brummt. Der Netzbetreiber gibt seine Kurse durch. Schön, denke ich, Minutenpreis 3 Euro, SMS 2 Euro, ein MB Daten 5 Euro. Und zwar egal, ob für ankommende oder abgehende Telefonate.

Das ist ja günstig. Gott sei Dank habe ich allen mir befreundeten, familiär verbandelten und sonstigen Restmenschen mitgeteilt, dass sie mich nur anrufen sollen, wenn es um Leben und Tod geht.

So, denke ich, jetzt wäre das mal ganz schön, seinen Koffer zu kriegen.

Da steh ich nun am Kofferband.

Wo isser denn? Ich sehe ihn nicht.

Da kommt einer! Nee. Nicht meiner. Einer von Louis Vuitton. Schickes Teil.

Vermutlich ist mein Koffer jetzt zu schüchtern, um rauszukommen.

Irgendwann stoppt das Band. Kein Koffer.

Das geht ja gut los. Hoffentlich ist mein Gepäck noch im Bauch des Flugzeugs. Ich gehe zum Gepäckschalter und spreche vor. Hinter dem Schalter sitzt eine schwarze Dame. »Buon giorno, I miss my suitcase«, sage ich. »I hope my luggage is still in the stomach of the plane.«

Sie sieht mich an. Ich war schon überall, bereiste die Welt, war hier und dort, und ich kenne diesen Blick. Er bedeutet: »Schau an, ein Idiot.«

Sie telefoniert und eröffnet mir nach zwanzig Minuten in akzentfreiem Deutsch, dass mein Koffer gar nicht im Flieger war. Aha, denke ich. Shit.

Zeit für eine Inventur: Ich habe Geld, Zigaretten, eine Jeans, knöchelhohe Stiefel und ein völlig verschwitztes Hemd.

Für zwei Wochen ist das recht wenig Ausrüstung.

Draußen wartet Barbara, meine Fahrerin. Sie ist Mitte 50 und trägt eine dieser Cargo-Hosen, die man mittels Reißverschlüssen komplett zerlegen und neu zusammenbauen kann. Von der Burka bis zu Hotpants ist alles möglich.

Sie hält ein Schild hoch, auf dem mein Name steht.

Kurz flammt in mir diese alte Geschichte auf, als mein

Bruder mich am Düsseldorfer Flughafen abholte, und zwar mit einem selbst gemalten Schild mit meinem Namen, einem lachenden Pferd drauf und den Worten: SWINGER-KLUB PONDEROSA.

Barbara begrüßt mich herzlich und fragt nach meinem Gepäck. Ich erkläre, das sei separat verreist. Und da wir eine 2000-Meilen-Tour bis zu den Victoria Falls machen, kommt da auch nix mehr. Muss ich in Deutschland klären.

Barbara lädt mich auf einen Kaffee ein. Und zwar in den EDEKA. In Windhoek.

Das Erste, was ich sehe, ist allen Ernstes ein Schild mit der Aufschrift: WINTERZEIT IST EINTOPFZEIT.

Mein Handy klingelt. Oh Gott, denke ich, was ist passiert? Hebe ab.

Ob ich, fragt mich ein fremder Mann, schon daran gedacht hätte, von meinem jetzigen Anbieter zu VODAFONE zu wechseln? Lege auf.

Ich komm gerade nicht klar. Und doch wird es eine wunderschöne Reise. Ich kann nun wirklich nicht alles schildern, aber hier meine Highlights.

1. Tag

Barbara erklärt mir, dass es keine Boutiquen gibt. Das mit den frischen Klamotten könne ich also gepflegt abhaken, es sei denn, ich möchte traditionelle afrikanische Kleidung kaufen. In der würde ich allerdings aussehen wie ein Aborigine im Dirndl.

Problem: Ich stinke. Barbara lässt sich nichts anmerken, fährt aber mit offenen Fenstern. Auch bei waagerechtem Regen.

Ab und zu halten wir. Dann kann ich rauchen und sie die

Karre durchlüften. Und die Moskitos kommen. Im Winter gibt's weniger von ihnen, aber sie sind da.

Handy klingelt. Oh Gott, denke ich schon wieder ...

Olli fragt, ob ich Bock auf Flohmarkt habe, an der Uni sei ein guter, bisschen weitläufig, gehe aber, Parkplätze schlecht, müsse man eben 'n Stück laufen. Ich lege auf.

Nehme meine tägliche Malariatablette. Man soll sie unbedingt 30 Minuten vorm Essen einnehmen. Problem: Die Dinger sind so groß wie Badewannenstöpsel. Wenn ich eine genommen habe, bin ich satt.

2. Tag

Übernachte in einer Lodge. Lodge jetzt nicht im Sinne von THEO, WIR FAHREN NACH LODZ, sondern LODGE. L-O-D-G-E. Traumhaft. Das Wasser allerdings wird dem nahe gelegenen Fluss entnommen und ist kackbraun. Damit dusche ich nicht. Never. Versuche mich mit 0,3 Liter Mineralwasser zu waschen. Geht so halb. Und mit halb meine ich: nicht. Zum Abendessen gibt es Springbock mit Süßkartoffeln.

Mein Darm sagt daraufhin: »JETZT ZUSTEIGEN, JETZT DABEI SEIN, DIE NÄCHSTE FAHRT GEHT WIEDER RÜCK-WÄRTS.«

3. Tag

Die Moskitos stechen mich nicht mehr.

Barbara trägt eine Nasenklammer. Alle Masken sind gefallen.

6. Tag

Wieder in einer Lodge. Das Telefon klingelt. Panisch hebe ich ab. Olli sagt, der Flohmarkt wäre super gewesen, aber da stünden jetzt überall so Leute von VODAFONE. Sonst wäre nix. Ich lege auf.

Immerhin: sauberes Wasser in meiner Unterkunft. Allerdings fließt auch Wasser aus der Duschkabine ins Zimmer.

Das Housekeeping schickt einen Handwerker. Der bastelt zwanzig Minuten rum und erklärt dann, dass »everything fine now« wäre. Geil. Dusche eine Stunde.

Dann wasche ich mein Hemd. Dafür benutze ich eine der Tuben in der Dusche. Hänge mein Hemd in die Sonne und lese etwas.

Eine Stunde später kommt der Handwerker noch mal und geht ins Bad. Dann fragt er höflich, warum die Tube mit Fugensilikon leer sei.

Ich erhebe mich, gehe zu meinem Hemd. Tippe es an. Es rutscht von der Stuhllehne, tickt zweimal auf, rollt dann aus.

Am Nachmittag

Ich kläre mit Barbara noch einige wichtige Fragen, zum Beispiel, warum ich immer noch keinen Puma gesehen habe.

Barbara antwortet, dass das natürlich schade sei, weil sie extra einen habe einfliegen lassen, denn die würden nicht in Afrika leben, die Pumas.

Ich bin sauer – zweifle daraufhin an, dass PUMAS der korrekte Plural sei. »Ich denke«, stelle ich fest, »es heißt Pumen. So sagt man das. Da, ein Rudel Pumen. Und dort, am Boden: Kobren.«

Barbara meint, dass das nicht stimme. Ich erkläre ihr, dass ich zu Hause hauptberuflich was mit Sprache machen würde. Daraufhin schweigen wir etwas. Dann klingelt mein Handy. Eine Dame von VODAFONE will wissen, ob ich einen Olli kenne. Ich antworte sehr deutlich: »WINTERZEIT IST EINTOPFZEIT«, und lege auf. Ab da klingelt es nicht mehr.

9. Tag

Wir fahren eine sehr lange Straße entlang. Richtung Botswana. Kleine Dörfer aus Lehm und Sperrmüll. Ich sehe Kinder, die an einer Schnur eine leere Plastikflasche hinter sich herziehen. Ich sehe Armut. Dann bitte ich Barbara anzuhalten.

Denn ich hab was entdeckt.

Im Straßenstaub stehen kleine Elefanten aus Holz. Daneben sitzt ein Schwarzer und schnitzt an einem Holzblock rum.

Ich will so einen Elefanten. Ich hab zwar keinen Koffer, aber trotzdem. Außerdem kann ich nicht glauben, dass der Mann ernsthaft am Straßenrand hockend aus Holzblöcken Tiere schnitzt. Die werden ihm hundertpro mit 'nem Lkw von hinten durchs Gebüsch geliefert. Ich frage den Mann, ob ich ihm zusehen darf. Er erhebt sich, nickt und verneigt sich leicht. Ich nicke ebenfalls, lass das aber mit dem Verbeugen, denn dann quietscht das Hemd immer so.

Er schnitzt tatsächlich einen Elefanten aus dem Klotz. Er tut das sehr sorgfältig, dafür aber auch sehr langsam. Nach vier Stunden zeichnet sich ab, dass es ein Elefant wird. Ich sage: »Das muss wahnsinnig schwer sein.«

»Eigentlich nicht«, erwidert der Schnitzer. »Der Elefant ist ja da drin. Man muss nur das überflüssige Holz entfernen.«

Jou, denk ich, gut erklärt. Das sage ich demnächst dem

Tapezierer: »Sie müssen nur die Tapete festhalten, ich drück dann die Wand in den Kleister.« Und dann wird mir klar, dass dieser schnitzende Mann einfach Elefanten macht. Schöne Elefanten. Dann verkauft er sie. Tag für Tag, und er macht keine große Welle deswegen.

So möchte ich natürlich nicht leben. Muss ich auch nicht. Ich bin zu Hause finanziell solide aufgestellt und damit nach afrikanischen Maßstäben reich, aber so arbeiten, ganz auf das eine Ziel gerichtet, den einen Elefanten: Das will ich. Die Sonne geht unter. Das tut sie im afrikanischen Winter sehr abrupt. Im Prinzip ist es, als würde man eine Laterne austreten. Ich kaufe einen der Elefanten. Ich bin glücklich.

Letzter Tag

Heute geht's zurück. Vorher gab's noch die Victoriafälle. Hammer. So viel Wasser. Ich hab ein bisschen Angst, reinzufallen, aber Barbara meint, ich würde schon nicht untergehen, ich müsste ja im freien Fall nur mein Hemd aufblasen. Witzig.

Auf dem Weg zum Flughafen sehen wir noch eine Gruppe Zebren.

Ich checke ein. Wir heben ab.

Deutschland

Kaufe direkt nach der Landung ein T-Shirt.

Ich ziehe noch im Flughafen mein Hemd aus und versuche, es in den Abfalleimer zu stopfen. Zu steif.

EPILOG

Ich sitze lächelnd in der Dortmunder Fußgängerzone. Die meisten Menschen gehen an mir vorbei, aber die, die stehen bleiben, haben Fragen: »Was genau verkaufen Sie hier?«

»Geschnitzte Rauhaardackel«, antworte ich. »Handarbeit. Ein kunsthandwerkliches Meisterstück in der plastischen Darstellung beliebter heimischer Tiere.«

Die übliche Antwort lautet dann: »Das ist nur ein Holzklotz.«

»Der Dackel ist da drin«, sage ich dann.

»Wie isser denn da reingekommen?«

»Das ist eine typisch deutsche Frage«, erwidere ich. »Spielt keine Rolle. Wichtig ist nur, dass der Dackel da drin ist.«

Na ja – die meisten kaufen nichts. Aber ich möchte ohnehin nur etwa zehn Euro verdienen. Mehr brauche ich nicht. Dieses Geld werde ich nehmen und verschicken, über den Ozean, nach Afrika, in das Land der Elefanten und freundlichen Leute, denn im Herzen dieses Kontinents, wo im Winter die Sonne schnell untergeht, da lebt ein Mann, und dem schulde ich noch 'ne Tube Silikon.

Bring doch ein Mal im Leben was zu Ende 2

Meine Mutter verstarb im November 2013. Sie fehlt mir sehr. An einem verschneiten Tag im Januar 2014 sichtete ich Unterlagen. Das ganze Leben eines Menschen. Auf Papier.

Ich fand ihre Schulzeugnisse und stellte ohne große Überraschung fest, dass meine Mutter eine fantastische Schülerin gewesen war. Nur Einsen und Zweien. Meine Zeugnisse waren auch dabei. Nun ja.

Ich war gut in Religion, aber das ist jeder, wenn er nicht gerade im Unterricht aufspringt und AVE SATAN! brüllt. Ansonsten so mittel.

Sport mies. An sich hatten wir auch nicht Sport, sondern TURNEN. Hab ich auch nie verstanden, das Konzept.

DER MEDIZINBALL!

Klingt, als würden Ärzte tanzen gehen, ist aber ein nach tausend Jahren Blagenschweiß stinkender Ledermeteor. Schlimm.

Wir trugen damals beim Sport keine Schuhe, sondern so Schläppchen. Aus Lkw-Plane. Ich weiß nicht, vielleicht dachten unsere Eltern damals, wir hätten Turnen im Shaolin-Kloster. Und in den Latschen spielten wir Fußball. Rucke di gu, Blut ist im Schuh.

Obwohl: Ich war nur in zwei Fächern schlecht damals. Deutsch und Mathe. In Mathe hatte ich 'ne Vier. Glaub ich. Vielleicht war's auch 'ne Fünf. Konnte ich nicht lesen, war ja schlecht in Deutsch.

Die Kinder heute machen noch viel mehr mit. Unfassbar. Andererseits gibt's heute unsinnige Diskussionen, ob mein sein Kind impfen soll. Damals eher nicht. Du kamst vom Schulklo, dann stand da plötzlich Doktor Mabuse im Flur, zack, Impftag. Man kam perforiert heim und fertig.

Ich musste doch ein bisschen lachen, als ich die Unterlagen durchsah. Ah, da war auch die Videokassette mit der katastrophalen *Familien-Duell*-Sache, und die ganzen DVDs mit dem alten Super-8-Zeugs; dafür war ich noch nicht bereit. Meine Familie hat seit jeher der Schmalfilmerei gefrönt, aber eine Konfrontation mit bewegten Bildern nun toter geliebter Menschen, das war mir zu viel. Ein andermal. Ich legte die DVDs auf einen anderen Stapel. Darunter kamen noch mehr Dokumente zum Vorschein ... und dann entdeckte ich mein allererstes Zeugnis. Klasse 1B. Erstes Halbjahr. Im Feld »Bemerkungen« stand in gespenstisch fragiler Tinte:

> *Torsten ist ein wenig still, dafür hat er oft sein Arbeitsmaterial nicht dabei.*
> *Überhaupt ist er schüchtern. Wir hoffen, dass er im zweiten Halbjahr mehr mitarbeitet und nicht mehr durch zu viel Fehlzeiten auffällt. Und es wäre schön, wenn er gefälschte Entschuldigungen nicht mehr mit GEZEICHNET, MEINE MUTTER unterschreibt. Bitte achten Sie darauf. Er hat ja sogar den Tag der Einschulung krankheitsbedingt verpasst, und da ...*

Erschüttert ließ ich das Blatt sinken.

Natürlich! *Bring doch ein Mal im Leben irgendetwas zu Ende!* Ich hatte meiner Mutter durch Krankheit, ein bisschen Fieber vermutlich, den Tag der Einschulung genommen, ich mit Schultüte, meine Mutter stolz … dahin. Es hatte nicht stattgefunden. Das hatte ich ihr genommen. Ich hatte tatsächlich irgendwas nicht zu Ende gebracht.

Ich erhob mich. Blickte durchs Fenster. Draußen fiel Schnee.

»Ich bringe das in Ordnung, Mama«, sagte ich ins leere Zimmer. »Ich bringe das in Ordnung. Ich werde den Tag meiner Einschulung nachholen.«

ES IST NIE ZU SPÄT:
Die Einschulung

Da stehe ich nun. Meine Mutter hatte recht. Ich habe da was nicht zu Ende gebracht.

Ich bin Torsten Sträter.

Ein gestandener Mann.

Und ich muss den Tag meiner Einschulung nachholen.

Nur diesen einen Tag. Denn der fehlt mir. Nach Guerilla-Art. Ich bin mit allen Wassern gewaschen. Ich werde für einen Tag ein 50-jähriges I-Männchen sein.

Der Punkt ist: Wenn man als 50-Jähriger den Tag seiner Einschulung nachholen möchte, gilt es, einige Dinge zu beachten. Zum Beispiel, dass man sich exzellent vorbereitet. Die Zeit drängt. In einer Woche sind wieder Einschulungen. Ich bin ein bisschen aufgeregt.

Besorge mir im Internet hilfreiches Material zum Thema. Da gibt es unter anderem ein Eltern-Merkblatt für den ersten Schultag. Der für mich wichtigste Punkt der Liste: »Trainieren Sie mit Ihrem Kind den neuen Tagesrhythmus.«

Okay, denke ich. Ist zwar nur ein Tag, aber besser, ich gehe gewissenhaft an die Sache ran.

Erwache am nächsten Tag erstaunlich erfrischt.

Die Uhr zeigt 14:12 Uhr. Scheiße.

An diesem Abend gehe ich vorsichtshalber gegen 20 Uhr ins Bett.

Liege eine Zeit lang wach im dusteren Zimmer, als mein Handy klingelt. Es ist Olli.

»Kommste mit auf 'n Bier?«

»Geht nicht, ich bin schon im Bett.«

»Bist du krank?«, fragt Olli.

»Nein«, sage ich.

»Und warum liegst du dann um halb neun in der Kiste?
So müde?«

»Nein«, sage ich.

»Dann lass uns 'n Bier trinken gehen.«

»Geht nicht.«

»Warum nicht?«

»Hab schon Schlafanzug an.«

»Wie bitte?«, fragt Olli.

»Hab schon Schlafanzug an.«

»Ist das eine Metapher für irgendwas?«

»Nacht, Olli«, sage ich.

»Ja«, sagt Olli. »Gute Nacht, John-Boy.«

Am nächsten Tag erwache ich doch ein bisschen gerädert.
Ein Blick auf die Uhr: 13:52 Uhr. Zwanzig Minuten raus-
geholt.

Am Vorabend der Einschulung bin ich höllisch nervös.
Rufe Olli an und erkläre ihm alles. Dass ein Mann sein Zeug
beenden sollte, wenn's geht. Und ob er das verstünde.

»Logo«, sagt er. »Ich helfe dir, wo ich kann. Ich komm
gleich mal vorbei. Setz Kaffee auf.«

Olli kommt. Auf ihn kann ich zählen. Ein Riesentyp.
Immer unrasiert, mit einer Plauze und dem Herz am rechten
Fleck.

Wir trinken Kaffee. Olli sagt:

»Was machst du, wenn sie dich erwischen?«

»Nächstes Jahr versuchen.«

»Pass auf«, sagt Olli. »Wenn sie dich erwischen, sagst du einfach, du schulst dein Kind ein und kannst es gerade nicht finden. Das erklärt auch deine Schultüte. Die übrigens potthässlich ist. Na ja: Wenn's schlimm wird, ruf mich an. Ich bleibe in der Nähe.«

DER TAG DER EINSCHULUNG – 7:24 Uhr

Ich bin bereit. Mütze auf, Turnschuhe an, Schultüte aufnehmen. Blicke in den Spiegel. Ja. Ich sehe, wenn man nicht genau hinsieht, wie ein GRUNDSCHÜLER aus. Man darf aber wirklich nicht so genau hinsehen. Am besten, man kuckt vielleicht direkt woanders hin.

Suche mir einen Parkplatz in der Nähe der Schule. Von überallher strömen Kinder mit ihren Schultüten und stolzen Eltern im Schlepptau.

Es ist irgendwie schön. Meine alte Grundschule.

Allerdings habe ich jetzt keine Zeit für Nostalgie. Denn es hat begonnen. Drücke den Timer meiner Uhr.

Eine Lehrerin verteilt an alle den Tagesablauf. Auf dem Blatt steht, dass wir alle zuerst schön in die Kirche gehen. Gottesdienst.

8:10 Uhr

Um nicht als Einzelperson aufzufallen, setze ich mich in der Kirche neben ein etwa siebenjähriges Mädchen, das seinerseits neben seinen Eltern sitzt. Der Pastor tritt an die Kanzel, macht Soundcheck und legt dann los. Er predigt ein bisschen. Dann sagt er:

»Und nun möchte ich die Erwachsenen bitten, nach vorn zu kommen und für die Kinder die Fürbitten vorzulesen.«

Aha, denke ich. Worum geht's?

Alle Eltern erheben sich, ziehen Blätter aus der Tasche und bilden eine Reihe. Ich bleibe sitzen. Das Mädchen neben mir sagt: »Du musst auch.«

»Ich habe keine Fürbitte«, flüstere ich.

»Aber die musste doch jede Mama und jeder Papa mitbringen. Das stand doch im Brief.«

»Ach, die Fürbitte«, sage ich. »Ich hatte erst was anderes verstanden.«

»Was denn?«, fragt das Mädchen.

»Salatgurke.«

»Du hast eine Gurke dabei? Zeig mal!«

»Boah … Ich muss los, Kleine«, sage ich.

Zeit, hier die Zelte abzubrechen. Beim Aufstehen fasst mich allerdings wer am Arm und zieht mich in die Schlange zum Altar. Top, denke ich.

Die Väter und Mütter treten ans Mikrofon und rezitieren mehr oder minder fromme Wünsche vom Blatt. Noch zwei, dann bin ich dran. Der Vater direkt vor mir sagt: »Wir wollen Gott bitten, dass unser Kind in seinem Leben gesund bleibt und glücklich wird. Gib unserem Kevin die Kraft, Schwierigkeiten nicht aus dem Weg zu gehen, sondern sie hoffnungsvoll zu überwinden. AMEN.«

Dann bin ich dran. Ich muss ein bisschen improvisieren. Also sage ich feierlich:

»Ich habe Dinge gesehen, die ihr Menschen niemals glauben würdet. Gigantische Schiffe, die brannten, draußen vor der Schulter des Orion. Und ich habe Sea-Beams gesehen, glitzernd im Dunkeln, nahe dem Tannhäuser Tor. All diese Momente werden verloren sein in der Zeit, so wie Tränen im Regen. [Pause]. BLADERUNNER.«

Verlasse in absoluter Stille die Kanzel. Läuft bei mir.

Stehe mit meiner Schultüte noch immer unbehelligt auf dem Schulhof. Die Klasse 4 b führt gerade etwas auf, eine etwas sperrige Mischung aus Steptanz, der Landung der Alliierten in der Normandie und dem *Phantom der Oper.*

Ich müsste inzwischen 30 Prozent des Projekts bewältigt haben. Würde gerne eine rauchen. Jemand zupft mich am Ärmel. Neben mir steht ein kleiner Junge. Er trägt eine Brille. Unter dem linken Glas bedeckt ein Pflaster sein Auge.

»Hallo«, sagt er.

»Hi.«

»In welche Klasse kommst du?«

»Keine Ahnung, Kollege. «

Er blickt mich einen Moment an, dann sagt er:

»Du hast ein ganz altes Gesicht.«

»Ich benutze es schon ziemlich lange«, sage ich.

Er weist in seines. »Mein Auge funktioniert nicht.«

»Das wird wieder«, sage ich. »Lass dich nicht von den anderen ärgern.«

»Du auch nicht. Was steht da auf deiner Schultüte?«

»Schultüte«, sage ich. »Das passte am besten.«

»Woraus ist deine Tüte?«

»Tapete im Prinzip. Selbst gebastelt – ich hatte nur Raufaser im Haus. Dann hab ich die drumgeklebt.«

»Wofür braucht man dieses Raufaser?«

Ich antworte: »Gipsplattenverschalung.«

Ein Mann im Jackett tritt hinzu und hält mir die Hand hin.

»Guten Tag. Ich bin hier der Rektor. Und Sie sind Herr …?«

»Sinclair«, sage ich.

»Wo bitte ist denn Ihr Kind, Herr Sinclair?«

»Toilette«, erwidere ich.

»Sie waren doch gerade auch in der Kirche, nicht wahr?«

»Aber ja.«

»Wo war denn da Ihr Kind?«

»Toilette«, sage ich abermals.

Er zieht ein Klemmbrett hinter dem Rücken hervor. »Verstehe. Wie heißt denn Ihr Kind?«

»Babette.«

»Ich find hier keine Babette Sinclair auf der Einschulungsliste.«

»Klar«, sage ich. »Die Mutter heißt anders.«

»Nämlich wie?«

»Das ist sehr schwer auszusprechen.«

Er geht mit dem Kugelschreiber die Liste ab. Scheinbar will er mir helfen.

»Frau Schawikoglu?«

»Richtig.« Gerade noch mal gut gegangen.

»Die steht dort drüben. Ich hole sie.«

Ach, Scheiße.

Und da ist sie auch schon. Eine Dame um die dreißig. Bevor Sie etwas von sich geben kann, lege ich ihr meinen Zeigefinger auf die Lippen und raune: »SAG JETZT NICHTS, LIEBLING.«

»LASSEN SIE DAS«, kreischt sie. Es war 'n Versuch wert.

Die Dame hat so laut geschrien, dass andere Eltern hinzutreten. Eine Frau sagt: »Wer trägt denn in dem Alter 'ne Mütze! Der hat doch was zu verbergen!«

»Unsinn«, sage ich.

»Was tun Sie hier?«, fragt der Rektor scharf.

Eine Kinderstimme ruft fröhlich: »Er wollte mir später seine Gurke zeigen.«

»Jetzt ist mal gut hier«, sage ich. »Ich hole jetzt meine

Tochter vom Klo und dann ist dieses Institut für mich gestorben!«

»Ja, tun Sie das«, sagt der Rektor. »Holen Sie sie.«

Ich gehe zu den Schultoiletten. Eine Menschentraube folgt mir. Irgendwie läuft das alles nicht nach Plan. Die Menge versammelt sich mit mir vor der Schultoilette. Ich lehne mich hinein und schreie:

»Babette. Wir gehen!«

Dann verschränke ich die Arme und nehme eine lässige Warteposition ein. Achtzehn Minuten lang. Die Menge wird unruhig.

Ich rufe erneut: »Babette, spül jetzt! Wir reisen ab!« Das mache ich in der folgenden Stunde zum Konzept.

Sobald es unruhig wird, brülle ich ins Klo.

Irgendwann sagt der Rektor: »Wollen Sie wissen, was ich denke?«

»Eigentlich nicht«, sage ich.

»Ich denke, in dieser Toilette ist niemand.«

»Unsinn«, erwidere ich. »Warten Sie: Ich schreib ihr 'ne SMS.«

Tippe stattdessen eine SMS an Olli. »ALARMSTUFE ROT. DER ADLER IST GELANDET.« Senden.

11:10 Uhr

»Kraft meiner Funktion als Chef dieser Schule werde ich nun die Toilettenanlage betreten«, blafft der Rektor. »Und dann herrscht Klarheit.« Die Menschentraube applaudiert.

Erhalte SMS von Olli. Text: »Watt für'n Adler?«

Alter! Schreibe nur Ein Wort Zurück – »HILFE!«

Der Rektor versucht, mich zur Seite zu drängen. Ich versperre ihm den Durchgang und raune.

»Tun Sie das niiiicht. Kommen Sie ihr NICHT ZU NAHE!«

»Warum?«

»Sie trinkt das Blut der Lebenden. Sonnenlicht tötet sie. Gehen Sie nicht hinein. Nicht ohne Rosenkranz!«

Der Pastor ruft: »Hier! Nehmen Sie meinen!«

»Sie hat keiner gefragt«, sage ich.

»Ich beschwöre Sie: Gehen Sie nicht dort hinein! Sie ist hungrig, und zudem von garstiger Gestalt. Um Ihrer Seele willen. Es wird bald dunkel!«

»Es ist fünf nach zwölf mittags«, sagt der Rektor. »ALS OB«, sage ich.

Stille. Mindestens zweihundert Augenpaare starren mich an. Einige Minuten passiert nichts.

Hinter mir in der Toilette ist plötzlich ein infernalisches Poltern zu hören. Dann schwingt die Klotür, auf und Olli tritt heraus. Er sieht ramponiert aus, weil er mit seinen 130 Kilo durchs Toilettenfenster klettern musste. Olli kratzt sich an der Plauze und blickt in die Runde.

»Ah«, sage ich. »Babette. Hast du dir schön den Popo abgeputzt?«

Olli nickt langsam.

»Dann können wir ja gehen.«

Die Menschen versperren uns den Weg. Sieht nicht gut aus. Jemand ruft: »Die Hübscheste ist sie wirklich nicht.«

»Ich werde jetzt die Polizei rufen«, sagt der Rektor.

Olli tritt einen Schritt vor und sagt: »Nicht nötig. Ich bin von der Polizei.«

Er zieht eine Karte aus dem Portemonnaie und zeigt sie einmal sehr langsam in die Runde.

Es ist für jedermann sichtbar eine Rabattkarte für die Autowaschanlage in Herne.

»Commissioner Gordon«, sagt Olli.

»Babette«, sage ich.

»Commissioner Babette Gordon«, sagt Olli. »Ich ersuche Sie hiermit, das Gelände zu räumen. Das ist ein Tatort.«

Scheinbar hat aber schon jemand die Polizei gerufen. Zwei Beamte schlendern lässig aufs Schulgelände.

Olli hält sie auf und sagt: »Ah, gut, dass ihr kommt. Warum hat das so lange gedauert? Euch kann man ja beim Laufen die Schuhe besohlen. Wann kommen die Jungs von der Spurensicherung?«

Ich sage: »Olli, halt jetzt bitte die Fresse.«

Einer der Polizisten ergreift meinen Oberarm. »Haben Sie uns irgendwas zu sagen?«

Ich nicke. »Winterzeit ist Eintopfzeit.«

In diesem Moment hören wir ein komisches Geräusch. Eine Art Rauschen. Dann einen dumpfen RUMMS. Und ich denke: Wenn ich mich jetzt losreiße, kann ich es bis zum Wagen schaffen. Aber ich stehe einfach nur da. Und dann ist dieser Moment vorbei.

Einige Sekunden später kommt der Junge mit dem Pflaster auf dem Auge zu mir.

»Hier«, sagt er. »Für dich. Damit du wieder fröhlich bist.«

Er lächelt, drückt mir meinen Flummi in die Hand. »Ist gerade wieder runtergekommen«, sagt er.

Mann, Mann, denke ich, der Kubiak ist aber auch 'n kräftiger Vogel gewesen.

Für einen Moment steht die Zeit still.

Zwei Sekunden später fiept meine Uhr. Ich hab's geschafft. Mein erster Schultag.

Ich stehe einfach da und halte meinen Flummi in der Hand. Er sieht aus wie an dem Tag, als ich ihn kaufte.

Der Polizist hält mich noch immer am Oberarm. Er blickt wie ich auf den Flummi, und dann in mein Gesicht, und dann sagt er: »HAB ICH SIE NICHT MAL NACKT AUS DEM KREISVERKEHR GEZOGEN?«

EPILOG

Ich habe es dann zu Hause doch noch geschafft, die DVDs mit den alten SUPER-8-Filmen zu sehen. Wenn man etwas zu Ende bringt, fällt einem so was leichter.

Ich sah mir alles an: ich und meine Brüder, wie wir so mit zehn Jahren in Bayern campen, meine Mutter, jung und attraktiv, in absurd schrillen Kleidern. Dann wir alle am Strand in Italien, dann auf irgendeinem Balkon irgendwo im Ruhrgebiet, und da trinkt meine Mutter mit meiner Omma Kaffee aus orangefarbenen Tassen.

Ich lächelte, aber mir wurde doch schwer ums Herz. Mich ergriff eine sanfte Melancholie, eine kleine Wolke der Trauer, aber ich war auch amüsiert und nostalgisch, und das ziemlich lange – eigentlich kann ich den Zeitraum sogar recht präzise eingrenzen: Ich spürte diese Melancholie ziemlich exakt bis zu jenem Moment, als meine Mutter das Gespräch mit meiner Omma unterbricht, sich zur Kamera dreht und sagt:

»Torsten, leg mal die Kamera weg jetzt. Der Onkel Doktor hat doch gesagt, du musst die Haut am Pillemann weggemacht bekommen! Das ist für später wichtig! Warum bringst du nicht einmal was zu Ende?«

Wenn das für Sie okay ist, erzähle ich Ihnen DIESE Geschichte beim nächsten Mal.

Anhang

Bildnachweis für Teil 4

Die Chroniken von Anderswo:

Seite 150: © dpa / Jan Woitas
Seite 152: © Susanne Buhr / Georg Müller / lostview
Seite 154: © shutterstock
Seite 155: © imago images / Westend61
Seiten 156–158: © Maren Fleschenberg
Seite 160: © Franziska Plenge / lostview
Seite 161: © dpa / Marius Becker
Seite 163: © Franziska Plenge / lostview
Seite 164: © Petra Bosse / lostview
Seite 165: © picture-alliance / chromorange / lostview
Seite 167: © Sophia Rinke / lostview
Seite 169: © imago images / Jochen Tack
Seite 170: © dpa / Bernd Thissen
Seite 171: © Sophia Rinke / lostview
Seite 173: © imago images / Blickwinkel
Seite 176: © Bernadette Hagen / lostview

Zeuch von euch:

Seite 177: © Elke Kruppa / lostview
Seite 178: © Katrin Coenen / lostview
Seite 179: © Susanne Buhr / lostview

Ikonen von hier:

Torsten Sträter

Als ich in meinem Alter war

Taschenbuch.
Auch als E-Book erhältlich.
www.ullstein-buchverlage.de

Der Mann mit der Strickmütze schlägt wieder zu

Mit seinem lakonischen Humor surft Torsten Sträter wieder durch den Irrsinn des Alltags. In seinen neuen Geschichten erfahren wir unter anderem, wie er bei »tv total« landete; wie man ohne Geld eine Fleischwurst ersetzt, die man in einem Heißhungeranfall aufgegessen hat; und was man Nutzloses von Oppa lernen kann. Torsten Sträter in Bestform. Oder, wie er selbst von sich sagt: »So lyrisch wie der Bofrost-Mann«.

»Mit dem Kauf dieses Buches sind Sie humortechnisch auf der sicheren Seite. Sie gehen kein Risiko ein. Außer vielleicht, sich in die Hose zu machen vor Lachen.«
Carolin Kebekus

ullstein